U0083197

中國學術思想 研究輯刊

十九編

林慶彰 主編

第 **11** 冊

漢代美學中的身體問題（上）

劉成紀 著

花木蘭文化出版社

國家圖書館出版品預行編目資料

漢代美學中的身體問題（上）／劉成紀 著 -- 初版 -- 新北市：
花木蘭文化出版社，2014〔民 103〕
目 4+162 面：19×26 公分
（中國學術思想研究輯刊 十九編：第 11 冊）
ISBN 978-986-322-930-8（精裝）
1.秦漢哲學　2.美學

030.8　　　　　　　　　　　　　　　　　103014776

ISBN-978-986-322-930-8

9 789863 229308

中國學術思想研究輯刊
十九編　第十一冊　　　　　ISBN：978-986-322-930-8

漢代美學中的身體問題（上）

作　　者　劉成紀
主　　編　林慶彰
總 編 輯　杜潔祥
副總編輯　楊嘉樂
編　　輯　許郁翎
出　　版　花木蘭文化出版社
社　　長　高小娟
聯絡地址　235 新北市中和區中安街七二號十三樓
　　　　　電話：02-2923-1455 ／傳眞：02-2923-1452
網　　址　http://www.huamulan.tw 信箱 hml810518@gmail.com
印　　刷　普羅文化出版廣告事業
封面設計　劉開工作室
初　　版　2014 年 9 月
定　　價　十九編 25 冊（精裝）新台幣 42,000 元　　　版權所有・請勿翻印

漢代美學中的身體問題（上）

劉成紀　著

作者簡介

劉成紀，河南虞城人，1966 年生於陝西銅川市。武漢大學哲學博士，北京大學美學專業博士後。現任北京師範大學哲學與社會學學院教授，博士生導師，兼任北京師範大學美學與美育研究中心主任。

提　　要

　　長期以來，漢代一直是中國美學史研究的薄弱環節。其原因不在於這一時期美學思想匱乏，而在於當代的美學史觀念阻礙了許多思想資源被作爲美學問題討論。劉成紀先生的這部著作以身體爲切入點，重建了對漢代美學的理解，並闡釋其對後世中國美學的重大影響，極富新意。作者認爲，兩漢美學對身體的認知可分爲五個層面，即：以元氣自然論爲身體認知確立哲學基礎，以形神骨相論界定身體的本質形式，以天人相副論建構身體與世界的關係，以禮樂服飾再造身體的社會性，以養生與厚葬表達對身體不朽的期許。以此爲背景，該著作進一步探討了兩漢身體觀對魏晉美學的開啓之功，認爲魏晉文學的文氣論、繪畫的形神論、書法的筋骨論等，均是前朝身體理論向藝術領域的引申；漢代的察舉取士制度則是魏晉人物品藻之風得以形成的歷史動因。

目

次

上　冊
導　言 1
第一章　兩漢美學對身體的規定 17
　第一節　哲學的轉折與身體的凸顯 18
　　一、西漢哲學的轉折 18
　　二、漢初文化與社會特性 22
　　三、黃老的省欲及目的 24
　第二節　何謂漢代的身體 26
　　一、西漢前期的「全身」 26
　　二、完整的身體及構成要素 28
　　三、「心」與五官百體 31
　　四、身心與形神之關係 33
　第三節　形神骨相（一） 35
　　一、相術的背景 35
　　二、《淮南子》論「形神」 36
　　三、賈誼論「形神」 39
　　四、四體、眉睫與眼睛 42
　第四節　形神骨相（二） 45
　　一、王充論「命相」與「骨相」 45
　　二、王符論「骨相」 48
　　三、歷史成因及影響 50
　第五節　活身、治身與修身 53
　　一、身體本位主義 53
　　二、《淮南子》論治身：養神與養形 57
　　三、漢儒的「修身」及審美意義 62
第二章　漢代美學中的身體與世界 71
　第一節　身體經驗與世界經驗 72
　　一、身體與世界的一般關係 72
　　二、音聲形貌與地理環境 75
　　三、《淮南子》論人在自然中的位置 77
　　四、經驗的邏輯與想像的邏輯 80
　第二節　身體的形而上起源 83
　　一、創生神話與身體的起源 83

二、氣化論與身體的起源 ……………………… 86

三、氣化論與人體的形成 ……………………… 89

四、身體的形而上學 …………………………… 92

第三節　天人相副與天人感應 …………………… 95

一、從天人合一到天人同體 …………………… 95

二、董仲舒論「天人相副」 …………………… 98

三、董仲舒論「天人相感」 ………………… 102

四、王充的質疑 …………………………… 105

第四節　被身體建構的世界 …………………… 108

一、作爲美學命題的天人合一 ………………… 108

二、身體的規律與世界的規律 ………………… 110

三、作爲身體映像的自然和藝術 ……………… 112

第三章　漢代美學中的禮樂服飾 ……………… 115

第一節　身體與禮容威儀 ……………………… 117

一、叔孫通制禮 …………………………… 117

二、漢禮的特點 …………………………… 120

三、賈誼論帝王禮容 ……………………… 123

四、漢禮中的「隱」 ……………………… 126

第二節　身體與樂及歌舞 ……………………… 130

一、漢代音樂狀況 ………………………… 130

二、樂由心生與心音相感 ………………… 133

三、音樂的功能 …………………………… 135

四、音樂向歌舞的生發 …………………… 138

第三節　身體與服飾 …………………………… 141

一、服裝與權力 …………………………… 141

二、賈誼的服裝政治學 …………………… 142

三、董仲舒的服裝哲學 …………………… 146

四、服色、服制與自然 …………………… 149

第四節　全能身體的形成與解構 ……………… 152

一、全能的身體 …………………………… 152

二、禮樂服飾與造人的歧途 ……………… 154

三、理欲衝突與禮樂制度的危機 ………… 157

四、東漢以後的新趨勢 …………………… 160

下　冊

第四章　身體的死亡與對死亡的超越……………… 163

　第一節　身體的死亡與處置………………………… 164

　　一、薄葬與裸葬…………………………………… 164

　　二、漢代的厚葬…………………………………… 169

　　三、儒家葬制面臨的問題………………………… 171

　　四、漢儒圍繞葬制的爭論………………………… 174

　第二節　形而下的不朽……………………………… 176

　　一、儒道不朽觀念的歧異………………………… 176

　　二、神人、真人與仙人…………………………… 178

　　三、漢代的神仙信仰與實踐……………………… 181

　　四、漢代道家的方術……………………………… 184

　　五、《太平經》的成仙之路及審美特性………… 186

　第三節　對身體不朽的駁難………………………… 189

　　一、儒道的神學化與揚雄的批判………………… 189

　　二、桓譚論人的必死性…………………………… 193

　　三、王充論神仙之虛妄…………………………… 197

　　四、王充對成仙的否定及哲學後果……………… 200

　第四節　身體問題在漢末的敞開…………………… 203

　　一、漢代思想狀況及東漢末年的變化…………… 203

　　二、荀悅的理論進展……………………………… 205

　　三、長生理想的破產……………………………… 208

　　四、佛教的出現…………………………………… 210

　　五、佛教的彼岸與死亡問題的終結……………… 215

第五章　兩漢身體觀對魏晉美學的開啟………… 219

　第一節　漢代察舉制與人物品藻（一）…………… 221

　　一、視覺政治……………………………………… 221

　　二、以貌取人……………………………………… 225

　　三、「天根」與「形容」………………………… 232

　第二節　漢代察舉制與人物品藻（二）…………… 237

　　一、以名取人……………………………………… 237

　　二、人物品藻……………………………………… 243

　　三、身體與制度…………………………………… 249

第三節　身體的死亡與魏晉風度 ⋯⋯⋯⋯⋯⋯⋯ 255
　　一、厚葬與薄葬 ⋯⋯⋯⋯⋯⋯⋯⋯⋯⋯⋯ 255
　　二、裸葬與裸體 ⋯⋯⋯⋯⋯⋯⋯⋯⋯⋯⋯ 261
　　三、遊仙與煉丹 ⋯⋯⋯⋯⋯⋯⋯⋯⋯⋯⋯ 266
　　四、藥與酒 ⋯⋯⋯⋯⋯⋯⋯⋯⋯⋯⋯⋯⋯ 273
第四節　身體的不朽與魏晉文學藝術 ⋯⋯⋯⋯⋯ 279
　　一、從人的不朽到文的不朽 ⋯⋯⋯⋯⋯⋯⋯ 279
　　二、人體與文體 ⋯⋯⋯⋯⋯⋯⋯⋯⋯⋯⋯ 285
　　三、書法 ⋯⋯⋯⋯⋯⋯⋯⋯⋯⋯⋯⋯⋯⋯ 294
　　四、繪畫 ⋯⋯⋯⋯⋯⋯⋯⋯⋯⋯⋯⋯⋯⋯ 299
餘論：中國古典美學中的身體及其映像 ⋯⋯⋯⋯ 307
參考文獻 ⋯⋯⋯⋯⋯⋯⋯⋯⋯⋯⋯⋯⋯⋯⋯⋯ 323
人名索引 ⋯⋯⋯⋯⋯⋯⋯⋯⋯⋯⋯⋯⋯⋯⋯⋯ 327

導　言

一

　　近代以來的中國學術，「西方」是一個不可或缺的因素。甚而言之，20世紀的中國學術史，就是借助西方的理論方法、話語方式對本土思想資源進行重新闡釋和現代改造的歷史。這一工作，起碼可追溯到王國維以康德解「古雅」，以叔本華詮釋《紅樓夢》。此後，胡適之於杜威，馮友蘭之於新實在論，宗白華之於德國浪漫派，朱光潛之於西方現代心理學、直覺主義，當代中國學術之於馬克思主義，已是學界耳熟能詳的事實。可以認爲，今天所謂的國學，凡涉及思想內容和理論方法創新者，無一不受到西學影響；所謂中國學術的現代轉換，其本質無非是用西方話語爲中國傳統重建當代的合法性。在這種背景下，「治中學必自西學始」，就成爲當代中國學人心照不宣的秘密了。

　　1918年，胡適在《中國哲學史大綱》中指出：「我們今日的學術思想，有這兩個大源頭：一方面是漢學家傳給我們的古書；一方面是西洋的新舊學說。這兩大潮流匯合以後，中國若不能產生一種中國的新哲學，那就眞是辜負了這個好機會了。」〔註1〕從1918年至今，中國是否創造了屬於自己的新哲學，可能仁者見仁，智者見智，但西學對中國傳統學術的改造之功卻是顯而易見的。比如，傳統國學有宋學和漢學、經學和諸子學之分，這種分類法明顯是基於閱讀經驗和傳統意識形態的，與西方建立在邏輯基礎上的知識分類方式相比，具有明顯的非科學性質。從這個意義上講，沒有西學的傳入，中國就

〔註1〕　胡適：《中國哲學史大綱》，東方出版社1996年版，第6頁。

沒有真正意義上的學科自覺，也不會有現代形態的哲學和美學。與此相關，我們今天用來描述中國傳統思想的語詞，也並非屬於傳統本身，而是來自於對西方相關語詞的對譯。比如，「宇宙、革命、經驗、經濟、文化、物理、上帝、因果、真理、事實、社會、宗教、選舉、組織等等。雖然古已有之，我們卻不可把它們視作原有的中國詞，因為我們今天通常不在原有的意義上使用它們，而是像新造出來的移植詞一樣，主要是在它們用來對譯的外文詞的意義上使用它們。」〔註2〕由此就造成了一種奇特的情形，即：當代的中國學術研究雖然使用漢語，研究古典問題，但由這些移植詞所構成的話語體系，卻意味著現代漢語寫作是一種「準外語寫作」。所謂的「國學」，已經從語言這一最基本的層面，與傳統拉開了距離。而這種更規範、更富邏輯性的語言方式，明顯比基於經驗性常識的傳統話語更易辯明真理。

　　用西學分類法重新規劃傳統學術資源，用現代的「準外語寫作」再現古典的思想景觀。這兩種方式在當代得到的評價是毀譽參半的。比如，傳統中國學術向來文史哲不分，「窮天人之際，通古今之變」是一切思想的共同目的。這樣，學術分類的過程就明顯成了對一個有機的思想統一體進行肢解的過程。一部《易經》，有人從中發現了哲學，有人發現了美學，有人發現了自然科學，無限的發現衍生出了無限的學科，但《易經》本身卻往往在這種多解不一中被遺忘了。這就是人們一般批評的「歧學亡宗」、「歧學亡道」的現象。現代邏輯化的「準外語寫作」也是一樣：一方面，它避免了面對任何研究對象講不出道理的尷尬，但另一方面，這種解釋到底是不是切中了古人的「真意」卻是同樣必須思考的問題。

　　現代國學研究借鑒西方的第三種方式，是依託西學提出的問題重新觀照中國傳統。它的意義在於，使一些因研究視角和方法限制而長期遮蔽的哲學和美學問題，在新的理論視野中被發現。這就是胡適所講的中西學術的互相印證、互相發明。在中國歷史上，這種方式是有傳統的，如自晉代支遁到唐代成玄英，開啟了援佛入《莊》、莊禪互解的莊學研究方式，確實為莊子研究開了新境界。〔註3〕在現代，這種借異域文化重新解釋、發現經典價值的工作

〔註2〕　陳嘉映：《移植詞裏的「中國哲學」》，《社會科學報》2005 年 2 月 3 日第 5
　　　　版。
〔註3〕　如劉義慶《世說新語・文學》云：「莊子逍遙篇，舊是難處，諸名賢所可鑽味，
　　　　而不能拔理於郭、嚮之外。支道林在白馬寺中，將馮太常共語，因及逍遙。
　　　　支卓然標新理於二家之表，立異義於眾賢之外，皆是諸名賢尋味之所不得。

達到了新的水平。如在《中國哲學史大綱》中，胡適曾借《墨子》的現代闡釋爲他的「西學的」中國哲學史進行辯護——「《墨子》的《經上下》、《經說上下》、《大取》、《小取》六篇，從魯勝以後，幾乎無人研究。到了近幾十年之中，有些人懂得幾何算學了，方才知道那幾篇裏有幾何算學的道理。後來有些人懂得光學力學了，方才知道那幾篇裏又有光學力學的道理。後來有些人懂得印度的名學心理學了，方才知道這幾篇裏又有名學知識論的道理。到了今日，這幾篇二千年沒人過問的書，竟成中國古代的第一部奇書！」〔註4〕從胡適舉的例子可以看出，雖然西方理論和方法會使中國本土的學術資源產生「削足適履」的不適感，甚至一些新解在國學的「原教旨主義者」眼裏純粹是對經典的附會和玷污，但有一點又是必須給予充分的肯定，即：它發現了經典的無限豐富性和無限可解釋性，使傳統從被保護的遺產轉化成了生發新知、向現代敞開的資源。同樣道理，當我們從孔子那裡讀出了當代社會的普世倫理，從莊子那裡讀出了海德格爾和德里達，這時的經典，明顯已被賦予了鮮明的時代意義。

　　從以上分析看，所謂的國學就是一個不斷形成、因時而變的概念；所謂的國學發展史，就是不斷有新命題加入、從而使經典在重新發現中被賦予新義的歷史。在當代，這種新命題的出現以及對經典意義的重新認識工作，一方面可立足於學者當下的生命體驗，另一方面則不能不重視西方學術所體現出的強大創造能力。可以認爲，中國現代學術在沒有形成獨立的話語方式、理論體系之前，用西方智慧激活中國傳統思想資源，仍是我們相當長時間內必須著力而爲的工作。陳寅恪先生在 1932 年指出：「竊疑中國自今日以後……其眞能於思想上自成系統，有所創獲者，必須一方面吸收輸入外來之學說，一方面不忘本來民族之地位。此二種相反而適相成之態度，乃道教之眞精神，新儒家之舊途徑，而二千年吾民族與他民族思想接觸史之所昭示者。」〔註5〕今天，重溫陳寅恪的話依然是有意義的，這是因爲，中國學術的眞正獨立和成熟，於當代學者而言，依然是懸於未來的目標。而中與西的相互印證與發明，依然是中國學術在眞正的「受命」者出現之前必做的工作。

　　　　後逐用支理。」
〔註4〕　胡適：《中國哲學史大綱》，東方出版社 1996 年版，第 21 頁。
〔註5〕　陳寅恪：《馮友蘭〈中國哲學史〉下冊審查報告》，見馮友蘭，《三松堂全集》
　　　　第 3 卷，河南人民出版社 2001 年版，第 462 頁。

二

　　本書以漢代美學中的身體問題作爲研究對象，離不開上面言及的背景。在中國古典哲學和美學中，對身體的思考佔有十分重要的位置，但就現代形態的中國哲學和美學史研究而言，這方面的成果卻至今幾近闕如。之所以會出現這種狀況，一個重要的原因就是缺乏相關理論作爲先導。按照學術研究的一般規律，所謂的哲學和美學史，無一不是用先在的邏輯框架對歷史資料進行重新梳理，無一不是用既成理論對歷史思想資源進行重構和反觀。從這種情況看，沒有當代身體哲學和美學理論的自覺和研究方法的成熟，就不會有對身體歷史的有力揭示。而中國哲學史和美學史中身體的闕如，關鍵在於中國當代哲學和美學研究缺乏身體的理論維度。

　　所以，在研究中國兩漢美學中的身體問題之前，我們仍然不得不重複 20世紀幾代中國學人曾走過的路，即：從西方哲學和美學中尋找理論的啓迪和方法的支持。

　　在西方，身體美學是 20 世紀 90 年代開始引人關注的研究課題。這一問題的出現，與以下背景密切相關，即：在後工業時代，人越來越喪失其精神性，由理性主體蛻變爲物質和欲望主體，而身體當然也就成了這種新型主體的直觀表現形式。關於人存在的身體性，當代審美文化在諸多方面有鮮明的展示，如藝術領域的行爲藝術和人體藝術，文學領域的身體寫作和下半身寫作，日常生活領域的人體彩繪和人造美女，等等。作爲對這種文化和生活現象的理論回應，當代美學家看到了重構當代新型人學觀的可能性。比如，按照傳統，身體標明了人作爲動物存在的維度，彰顯了人作爲肉體存在的感性的側面。所以，對身體的肯定就是對人的動物性的肯定，對感性的重視就是對人屬靈或理性側面的忽視。從這種特點看，身體美學是與西方傳統的理性中心主義或靈魂至上論截然對立的，它的出現是對西方傳統人學價值原則的解構。這種解構包含著一種重構人學理論以及人與世界關係的巨大可能性，即：在人的靈魂與肉體之間，它戳穿了人用理性、靈魂圍繞自身製造的神話，以人存在的有機整體性代替了重靈輕肉的傳統，從而填平了經典哲學在人體內部製造的意識形態鴻溝。在人與自然之間，它肯定人首先是一種肉身性存在，也就等於肯定人首先是自然存在，這樣，人對自然對象天然的統治權也就讓位於雙方在最基本層面的平等，從而爲建立一種更符合公正原則的人與自然關係鋪平了道路。

從身體美學在西方的歷史發展看，它的源頭有兩個，一是近代實驗心理學，二是由對笛卡爾的批判而出現的身體唯物主義。前者源於西方的醫學解剖學：從 18 世紀阿爾布萊希特・馮・哈勒出版的《人體生理學綱要》，到 19 世紀以後馮特的構造主義心理學、威廉・詹姆士的機能主義心理學、約翰・B・華生的行為主義心理學，它發展的過程就是對靈魂證偽、肯定人作為身體存在的惟一性的過程。後者可追溯到拉美特利的《人是機器》和狄德羅的《泄露隱情的寶石》，他們的一個共同信念就是將超越性的靈魂重新放回人的身體內部，視靈魂為人肌體組織的一個構成。此後，真正將身體作為一個現代哲學命題提出來的是尼采。他的《權力意志》和《查拉斯圖拉如是說》，在解構上帝、靈魂、理智的同時，恢復了身體與大地的意義。〔註 6〕與尼采啟示錄式的表達不同，法國存在主義哲學家梅洛・龐蒂則賦予了身體哲學更加理論的方式。在《知覺現象學》中，他要求將本質放回存在，要求以關注人存在的現實性代替本質分析的抽象性。在他看來，最能標明人存在的是人的身體。由此，他提出了「身體－主體」（Body-Subject）這一概念，認為應該將心靈的根源放在身體之內，放在世界之內，即身體和主體是同一個實在。〔註 7〕

近 20 多年來，西方的身體哲學和美學研究有以下一些值得關注的進展。其中，（一）George Lakoff 和 Mark Johnson 在 *Philosophy in the Flesh: The Embodied Mind and its Challenge to Western Thought* 一書中指出，人的精神活動是身體固有的，抽象的概念很大程度上源於對身體經驗的隱喻。由此，以人為主體建構的世界，實際就是身體及其感知經驗的延伸。〔註 8〕在這本書中，作者不但論證了思想的身體性，更重要的是指出了世界作為身體隱喻的屬

〔註 6〕如尼采說：「我整個地是肉體，而不是其他什麼；靈魂是肉體某一部分的名稱。」「健康、完整而方正的肉體，說話當然更忠誠些，更純潔些；而它談著大地的意義。」「創造性的肉體為自己創造了精神，作為它的意志之手。」等等。參見《查拉斯圖拉如是說》，尹溟譯，文化藝術出版社 1987 年 8 月版，第 29 頁～33 頁。

〔註 7〕如梅洛・龐蒂在其《知覺現象學》中指出：「我就是我的身體。」「身體並非在所有人中間的一個客體，它經得起反思，而且可以這麼說，它保持著與其主體的不可分離的關係。晦澀難懂，卻又整個地贏得了感性世界。」見《眼與心——梅洛・龐蒂現象學美學文集》，中國社會科學出版社 1992 年版，第 38 頁，第 39 頁。

〔註 8〕George Lakoff and Mark Johnson, Philosophy in the Flesh: The Embodied Mind and its Challenge to Western Thought. Published by Basic Books, 10 East 53rd St., New York, 1999.

性。這種觀點明顯是對梅洛‧龐蒂「身體－主體」觀念的進一步拓展，即：人的身體不僅構成了人思想意識的核心，而且也進一步形成了人關於對象世界的觀念圖景。（二）是理查德‧舒斯特曼（Richard Shusterman）的《實用主義美學》（*Pramatist Aesthetics: Living Beauty, Rethinking*）。在這本著作中，作者以美國實用主義哲學傳統爲基礎，提出了建立身體美學的設想。他聲稱，自己的設想「受到了中國哲學和其他亞洲哲學的鼓勵」，「與統治絕大多數歐洲哲學的觀念主義對身體的忽視不同，中國哲學展示了對身體在人性完善中的作用的深深尊重」。〔註 9〕舒斯特曼的這種看法是有啓發性的，它讓人預見到將身體作爲中國古典哲學和美學研究對象的可能性。（三）必須提及的是我的摯友、斯洛文尼亞哲學家梅倫‧博塞維奇先生（Miran Bozovic）。他的 *An Utterly Dark Spot: Gaze and Body in Early Modern Philosophy*，是美國密歇根大學的系列叢書 *The Body, in theory: History of Cultural Materialism* 中的一本。這本書的重要貢獻是將關於身體的共時性理論探討轉向哲學和文學藝術歷史的研究，試圖通過對西方思想史的重新審視爲身體建立一個獨立的敘事。〔註 10〕確實，任何理論的當代建構都會導致對歷史的重新解釋，而歷史描述的有效性則是對理論價值的直接證明。比較言之，如果博塞維奇可以在西方理性主義的傳統中爲人的身體整理出一個歷史，那麼，在「主張身體對作爲一種生活藝術的哲學的至關重要的作用」的中國，這種歷史研究只會更加簡易和便利。也就是說，爲中國哲學和美學的身體之思建構一個屬於自己的歷史，並以中國身體觀念的獨特價值對西方的相關研究做出回應，不但是可行的，而且是有意義的。

三

那麼，什麼是中國古典哲學和美學中的身體，或者說，身體爲什麼能夠成爲中國哲學和美學的研究對象？下面，首先從哲學層面分析這一問題：

一般而言，中國哲學在形而上層面講天道自然，但其落腳點則是人當下的身心性命。對人存在命運的關切是中國哲學和美學的基本主題，而這種關切最直觀的指向就是標示人存在的現實形態——身體。老子云：「吾所以有大患者，爲吾有身，及吾無身，吾有何患。故貴以身爲天下，若可寄天下。

〔註 9〕理查德‧舒斯特曼：《實用主義美學》，商務印書館 2002 年 9 月版，第 5 頁。
〔註 10〕Miran Bozovic, An Utterly Dark Spot: Gaze and Body in Early Modern Philosophy, University of Michigan Press, 2000. 7.

愛以身爲天下，若可託天下。」〔註11〕比較言之，西方哲學以對外部世界的驚奇作爲生發哲思的起點，從而使求知成爲哲學的根本任務；中國哲學在其起點處則指向人自身：它的核心問題是對人存在命運的憂思，根本任務是爲人的身體在世間尋找安居。孔子云：「作《易》者，其有憂患乎？」〔註12〕這種憂患，在道家表現爲對人個體生命的守護——以全德貴身爲出發點，認爲「身爲而家爲，家爲而國爲，國爲而天下爲」；〔註13〕在儒家則表現爲對群體共處之道的關心。但這種共處之道，則依然以身體存在和身體性的自我要求爲起點。如孟子云：「人有恒言，皆曰：『天下國家』，天下之本在國，國之本在家，家之本在身。」〔註14〕《大學》云：「自天子以至於庶人，一是皆以修身爲本。其本亂而末治者否矣。」〔註15〕

　　什麼是中國古典哲學中的身體？顯然，在對人自身的認識上，中西方是存在差異的。西方哲學自古希臘畢達哥拉斯始，靈魂與肉體對立、靈魂統攝肉體是人對自身的基本認識。同時，由於人的靈魂來自神界，所謂的身體也就成了純物質的肉體。我們可以看西語中指稱身體的一些詞彙：如 Body，既指稱身體，又指稱肉體和屍體，這意味著身體是物質性的。再如 Soma 和 Flesh，前者偏重強調身體的有機性，後者偏重強調身體的欲望屬性，都不涉及情感、思想等精神性的內容。關於身體的非精神性，Tabernacle 這個詞的表達更形象，它既指稱身體，也指稱臨時住房、帳篷、禮拜堂等。明顯意味著身體是靈魂、思想、情感等精神性存在的臨時駐所，而非靈肉、身心合一的生命整體。關於中西方對身體認識的差異，李約瑟曾引法國漢學家馬伯樂（1884～1940）的話指出：

　　　　希臘羅馬人很早就習慣於將精神與物質對立，故其宗教觀認爲形而下的肉體之外，另有一形而上的靈魂附於其上。但中國人從未將精神與肉體分開，他們認爲世界是一個生生不已循環變化的整體。輕者上昇爲虛空，粗重者凝聚爲物質。因此『靈魂』與物質的關係，從未處於相反的地位。同時，一個身體中就有好幾

〔註11〕《道德經》第十三章。
〔註12〕《易傳・繫辭下》。
〔註13〕《呂氏春秋・執一》。
〔註14〕《孟子・離婁上》。
〔註15〕《禮記・大學》。

> 個靈魂，所以靈魂不是肉體的旗鼓相當的對手……肉體是一個整
> 體，是三魂七魄以及其他精與神的家。因此只有肉體長存，人才
> 能夠長生。〔註16〕

　　從以上的詞義分析和馬伯樂的論斷可以看出，西方靈肉二分、以靈攝肉
的身體觀，其實是將身體作了純粹物質化的理解。物理性的肉體和精神性的
靈魂，一個來自塵世，一個來自神界，存在著難以跨越的距離。而在中國，
由於肉體是「三魂七魄以及其他精神的家」，所以中國人所言的身體就是一
個以肉體為基礎、靈肉統一的人的整體。而所謂的精神，也不是來自神的賦
予，而是身體自身的生成物。比如就身心關係而論，孟子講：「耳目之官不
思……心之官則思。」〔註17〕在這句話中，孟子雖然將心視為比耳目更高級
的器官，但它依然是身體的生理組成。它的「思」的能力來自於身體器官從
生理向心理的生發功能。《淮南子》認為，人的身體包括「形神氣志」四個
方面，四者「各居其宜」才能達到生命的安泰。〔註18〕這四個方面，除了「形」
類似於西方的肉體外，神、志、氣都具有精神的屬性。由此看，中國人所說
的身體首先是人關於自我認知的集合，然後才是以肉體實存標示的存在堅實
性。或者說，身體這一概念既包括生命、情感、思想和精神，又以形體的方
式顯現為可以目視眼觀的感性對象。這是一種構成性的全能身體。只有理解
了這一點，我們才能理解中國的儒家和道家為什麼將貴身、治身、修身、正
身視為人的根本任務，為什麼曾子說「吾日三省吾身」而不是「三省吾心」，
也才能理解身體為什麼可以成為中國哲學深思的對象。

　　除了對身體的構成性認知外，中國哲學關於身體發生、身體死亡等問題
的認識也深具哲學內涵。比如，自先秦以至兩漢的道家哲學，一直將身體視
為自然之氣的凝聚體。如莊子認為，人「雜乎芒芴之間，變而有氣，氣變而
有形，形變而有生」。〔註19〕這種「氣化論」，經鄒衍、《呂氏春秋》，到漢代
已成為主流性的觀念。它貫穿在《新語》、《新書》、《黃帝內經》、《淮南子》、
《春秋繁露》、《法言》、《新論》、《論衡》、《白虎通義》、《潛夫論》、《太平經》
等著作中，從而使漢代成為徐復觀所謂的「唯氣論」時代。〔註20〕顯然，如

〔註16〕見李約瑟：《中國古代科學思想史》，江西人民出版社1999年9月版，第174
　　　　頁。
〔註17〕《孟子・告子上》。
〔註18〕《淮南子・原道訓》。
〔註19〕《莊子・至樂》。
〔註20〕徐復觀：《兩漢思想史》第二卷，華東師範大學出版社2001年版，第374頁。

果認定身體是天地陰陽之氣的凝聚，那麼不但人與自然是同性同體的，而且微末的身體也藉此打通了與外部世界的聯繫。現代人所謂的「自然人化」，就可更切實地表達爲自然的身體化和身體的自然化。由此，理解人的身體與理解對象世界就成爲同一個問題。《呂氏春秋》云：「天地萬物，一人之身也。」〔註21〕揚雄云：「聖人有以擬天地而參諸身」，〔註22〕董仲舒：「人有三百六十節，偶天之數也。形體骨肉，偶地之厚也。」〔註23〕都可以從氣化論中找到哲學根據。至於身體的死亡，道家用人向自然的生成來緩解死的恐懼和焦慮，儒家則用厚葬抒發孝親情懷、用「三年之喪」延續對亡人的記憶。在此，身體的死亡或消失，顯然不是一個物理性事件，而是重大的哲學問題。

　　通過以上分析可以看出，對身體的考察，於中國哲學而言絕非枝節問題，而是包蘊著重尋理論支點、對其做出全新闡釋的巨大可能性。《易傳‧繫辭》云：「古者包犧氏之王天下也，仰則觀象於天，俯則觀法於地，視鳥獸之文與地之宜，近取諸身，遠取諸物，於是始作八卦，以通神明之德，以類萬物之情。」〔註24〕比較言之，如果說「唯氣論」涉及到身體的本源問題，靈肉合一涉及到身體的存在問題，那麼，中國先人通過「近取諸身」作卦，則意味著認識世界可以從認識自身開始，或者說身體認知可以成爲世界認知的前提。這種認識方式是一種身體層面的「以己度物」或「推己及物」，是通過身體的類比或隱喻來建構一個可以理解的世界。至此，關於身體的本源論、存在論進一步發展出了中國人對於世界的獨特認識和建構方式，中國哲學也因此形成了對於身體及其與世界關係的比較完整的思想。

　　以上是中國人對於身體的基本定位和哲學之思。最後必須指出的是，中國古典哲學在涉及身體問題時，往往只使用「身」這一單音節詞，而很少使用「身體」，〔註25〕那麼，兩者之間是否有區別呢？許愼《說文解字》云：「身，躬也。象人之身。」在篆文中，身字的造型是一個直立的人形。在《說文》中，「躬」與「身」互訓，即：「躬，身也。從身，從呂。」而「呂」則是指人的脊骨。〔註26〕從《說文》的釋義可以看出，中國哲學中的「身」與「身

〔註21〕《呂氏春秋‧執一》。

〔註22〕《法言‧五百篇》。

〔註23〕《春秋繁露‧人副天數》。

〔註24〕《易傳‧繫辭下》。

〔註25〕作爲個案，「身體」在中國思想史中依然是存在的，如《樂記‧樂象》云：「惰慢邪辟之氣，不設於身體。」但這種現代意義上的復合詞並不常見。

〔註26〕王貴元：《說文解字校箋》，學林出版社2002年12月版，第346頁，第304頁。

體」同義。在古典和現代之間，之所以會出現「身」與「身體」稱謂的差異，是古代漢語向現代白話文變化過程中，單音節詞向復合詞轉換的總體趨勢使然。但正如前面曾經論及的，中國古代對於「身」的理解和現代人對於「身體」的理解仍存在著巨大差異，即：前者建立在中國古代有機自然觀的基礎上，是指形神志氣合一的人之整體；後者則以西方近代科學的心物對立為分類原則，偏重於身體的物理屬性。但很顯然，這種古今身體觀的差異，正是我們探討中國古典身體哲學和美學的意義所在。即：它以中國人的傳統智慧證明了西方近代科學對身體純粹物理定位的非合理性，也附帶證明了建基於西方近代科學基礎上的身體觀念存在問題。同時，從上引尼采、梅洛·龐蒂、舒斯特曼對身體的哲學判斷看，中國古代的身體認知與西方現代哲學又明顯具有一致性，這樣，中國哲學中的「身」與物理性肉身的差異，就反而使中國傳統的身體認知體現出鮮明的當代價值。即：它為當代哲學和美學對身體的重新解釋提供了歷史依據，同時也為中西方對話敞開了一個全新的領域。

四

同時必須進一步判明的是，身體不但可以成為中國哲學討論的對象，更可以作為中國古典美學的重要問題被討論。這是因為：

首先，中國古典哲學中的身體是有機性、生成性的，它不是一個物理的事實，而是有機的生命形式。天地生命之氣化育身體，人的精神又進而從身體內部滋生。可以認為，正是作為生命存在的屬性，使身體超越了單純作為靈或肉被討論的機械性，可以在兩者之間進退自如。這是一種建立在存在論、生成論基礎上的身體觀，與美學對生命意味、身心和諧的要求是相一致的。其次，人身體的感性特徵與美學作為感性學存在的規定具有一致性。1750 年，德國理性主義者鮑姆迦通將美學定位為感性學，認為美學研究的對象是人的感性認識能力。此後，美學研究基本上圍繞兩個方面展開，即人和人工製品（包括作為精神產品的藝術美和作為物質產品的社會美）。美學，不管是研究人還是他的創造物，主體性的人都構成了它的核心環節，這也是人們總是講「美學即人學」的原因所在。但從鮑姆迦通對美學的感性定位看，「人」這一範疇太過抽象，太過大而化之，以此為核心建構的美學帶有過於濃重的玄學意味。比較言之，身體則代表了人最感性的側面──不但它的存在方式是感性的，而且由此生發的認識能力，比如五官的感覺力，也是感性的、肉身性

的。這種既作爲審美主體又作爲審美對象的雙重感性特徵，決定了身體更適
宜成爲美學研究的對象，也決定了關注人的身體的中國哲學具有更鮮明的美
學特性。

　　對於中國古典美學而言，身體的感性品質不能簡單等同於人體美。首先，
中國人言及的身體是被精、神、志、氣充盈的形式，這種充盈反過來會發散
爲外部的「光輝」，從而對人的形貌體徵形成影響。如孟子云：「氣，體之充
也。」〔註27〕「充實之謂美，充實而有光輝之謂大。」〔註28〕這樣，身體之
美就不僅僅局限於形式外觀，而是人的「本質力量」的感性顯現，是內蘊豐
富的有意味的形式。在中國美學史中，這種思想從《左傳》到孟子，從董仲
舒時代的「望氣」到王充、王符的「骨相」、「骨法」，再到魏晉時代的「人物
品藻」、「容止」，形成了一個關於身體美認識的序列。其次，由於身體與世界
的同源（「氣化」）和同構（「天人相副」）關係，對人身體審美價值的討論也
就成了對對象世界審美價值的討論。在此，身體的世界化和世界的身體化，
也就成了美學的經典命題「人的自然化」和「自然的人化」的具體體現。這
種建立在「人副天數」基礎上的天人同體論，不但可以使我們從更廣闊的領
域定位人體的審美價值，而且使哲學層面的「天人合一」，因具有了感性品質
而向美學敞開。

　　此外，從身體角度談美學，必然要牽扯到人行爲的合規律性和合目的性，
在這一點上，中國儒家的「禮」是一個重要的美學範疇，也是古人判明文野、
人獸、華夷之分的根據。禮作爲一種身體行爲，它包含了道德和審美的雙重
內涵。要實現對倫理和審美內涵的表現，「禮」就必然是對日常行爲的超越，
必然是一種文明、優雅的美的行爲。孔子云：「不學詩無以言，不學禮無以立。」
〔註29〕並不是說人不學詩就無法說話，不學禮就無法站立，而是強調了藝術
化的語言和行爲對人的重要意義。在此，由於禮是以人的身體行爲演示思想，
而且在特定場合往往表現出特定的程序和儀式，所以它帶有明顯的表演性
質，甚至具有戲劇性。當然也就順理成章地成爲美學研究的對象。與此相關，
中國社會自西周始，服裝成爲判明社會等級和其他禮儀制度的外在標誌。這
種服裝既是審美的，又承載著特定的政治倫理內涵。這種服裝的倫理學和政

〔註27〕《孟子·公孫丑上》。
〔註28〕《孟子·盡心上》。
〔註29〕《論語·季氏》。

治學，成爲分析當時社會服裝美學的不可或缺的部分，並因此使服裝超越了蔽體的實用需要和形式性的審美要求，成爲包蘊更豐富審美內涵的人體符號。

作爲純粹的審美體驗和鑒賞理論，中國美學中有許多關鍵的範疇來自對人外部體徵和內在器官功能的比附和摹擬。比如，不理解秦漢時期關於人體的氣化理論，就不能充分理解曹丕的「文氣」論和謝赫的「氣韻生動」；不理解秦漢哲學對人體的哲學和美學闡釋，就無法準確把握顧愷之「傳神寫照」的理論緣起；不瞭解秦漢哲學關於體、氣、相關係的認識，就無法洞悉魏晉時期人物品藻之風的深層理論根源。同樣道理，風神、風骨、骨法、筋骨等藝術評鑒範疇，起源於中國人對身體外部表現和內部構成的體認；品、味、滋味這些範疇，則明顯是對身體的某種官能作了藝術化的引伸。另外，中國人所講的審美體驗也不同於西方的審美經驗——經驗是面向過去的，是關於過去的知識集合，體驗則是當下性的「以身去體」、「以體去驗」，是人體的所有感知力對審美對象的全方位開放。〔註30〕由此看，研究中國人的身體觀，不僅是爲中國美學和藝術理論尋找理論起點的重要工作，而且它也參與到了中國人審美活動的全部過程之中。

五

以上，我們討論了在中國哲學和美學中，以身體作爲研究對象的可能性和意義。本書之所以截取漢代作爲研究對象，主要是基於以下幾個方面的考慮：

首先，長期以來，漢代一直是中國美學史研究的薄弱環節。其根本原因不在於這一時期美學思想匱乏，而在於當代的美學史觀念阻礙了許多思想資源被作爲美學問題討論。同時，這一時期，由於封建大一統帝國要求一種經世致用的整體性知識，所以，神學、哲學、科學、美學、藝術往往被組入到了一個統一的系統，相互纏繞，難以按照現代的學科劃分進行清晰的分類研究。面對這種狀況，我認爲，對美學研究範圍的適當放大是必要的。比如美學的研究對象並不必然指向文學和藝術。作爲感性學，凡是感性的存在都應

〔註30〕 《淮南子·氾論訓》云：「夫繩之爲度也，可卷而伸也，引而伸之，可直而睎，故聖人以身體之。」其中的「身體」一詞，包含著「以身去體」的意思。這意味著身體不僅是一個有機生命體，而且可以能動地感知、理解世界。由此，「以身去體」、「以體去驗」標明了一種更具深度的審美方式。

該成爲它考察的對象。同時，雖然知識分類上面臨困難，但漢代哲學和美學依然有其主導性的關注對象和被各種思想流派共同思考的問題。這樣，關於某一問題的專題研究往往能使研究對象從材料的混亂和駁雜中剝離出來，成爲獨立而清晰的知識系統。本書研究漢代哲學和美學中的身體，一是因爲看到了身體的感性品質。這種感性，本身就意味著它是屬於美學的。二是因爲在漢代駁雜的思想中，身體幾乎被所有思想家共同思考，並伴隨著兩漢四百餘年的歷史。這爲此項研究提供了材料上的便利。

　　其次，與先秦相比，漢代思想家不長於抽象思考。其哲學的一個重要特點，就是將先秦思想家視爲不可訴諸名相的東西下降爲具體可感的實指對象。比如，先秦知識界關於本體之「道」的討論，在漢代基本被虛置，而代之以意志性、甚至身體性的天。「自然」這一概念，本來是指世界的存在本性，即「自是（一個事物是它自身）」和「自然而然」，在漢代則被具體化爲一氣運化的陰陽五行或直接指稱自然界。與此一致，對人的理解由先秦萌芽的「氣化論」轉化爲形神氣志的身體構成論。對人性善惡的抽象辯論不再是哲學的重心，而代之以從生理學、心理學、行爲學等更切實的層面進行具體考察。比如，漢人通過對「五行」的比附，推演出了由五藏、五體、五色、五味、五音、五嗅、五事組成的人體認知系統。這種從抽象走向具體的哲學取向，不但使漢代哲學因感性而在整體上更具美學色彩，而且使身體這一感性存在物，成爲人認識自身、甚至認識世界的起點。

　　第三，漢代，由於其早期思想深受稷下道家、陰陽家和雜家的影響，「氣」成爲其建構宇宙論和世界觀的核心概念，一切存在物都被視爲陰陽之氣的凝聚。這種貫通天地萬物（包括人）的「氣」，是一種生命動能，它不但使物理世界從機械、死寂化爲氣韻生動，而且在人體內部，打破了身心靈肉的主客兩離，進而形成了一個審美化的生命世界和靈肉合一的有機人體。據此，理解人的身體就是理解人的整體，就是理解世界。也就是說，有機性的身體觀和世界觀，一方面使身體研究成爲世界研究的縮影，另一方面也使天人在同構中形成審美和諧。

　　第四，西漢初期的黃老之學、武帝以後的儒家經學、東漢中後期的道教，構成了理解漢代哲學和美學的三個關鍵環節。其中，黃老之學對內講養生，對外講治身；儒家對內講修身，對外講禮容；道教則試圖通過內部的服食和外部的遊仙使人達到不老不死的理想境界。這三者分別代表了人對自身關注

的三個層面，即：身體的個體價值、身體的社會價值和身體的理想價值。同時，東漢明帝時期，佛教東傳，它又將道教此岸的身體理想引入了超越性的彼岸世界。可以認為，這種身體思想從黃老道家到儒家、再到道教和佛教的嬗變，使我們可以透過漢代，理解中國人關於自身期許的基本層面。

第五，在先秦和魏晉之間，兩漢處於承先啓後的地位。它繼承並演繹了先秦的一系列美學命題，又為這些命題在魏晉時期的更加「唯美化」提供了基礎。由此，理解漢代哲學和美學中的身體觀，是使先秦美學與魏晉貫通為一個整體的關鍵環節。如任繼愈先生云：「治哲學者每喜先秦哲學之創新及魏晉玄學之空靈，或不甚喜秦漢哲學之滯重。事實上由先秦到魏晉必經歷秦漢哲學這個階段。不經蝶蛹之蠕蠕，何來蝶舞之蹁躚？此不可不察。」〔註31〕

通過以上分析可以看出，兩漢美學，雖然因夾在先秦、魏晉兩個哲學和美學高峰之間而容易讓人忽視，但它自身依然形成了鮮明的特點。同時，既然兩漢是聯結先秦與魏晉的中間環節，這也意味著對兩漢哲學和美學思想的解讀必然進一步加深對其前後兩個歷史階段的理解，從而使中國上古和中古時期的哲學和美學歷史成為一個有機的整體。在漢代哲學和美學提出的豐富而駁雜的命題中，對身體的理解是最能見出這一時代思想特色的問題之一，也是對魏晉美學最具開啓之功的一個領域，所以，將漢代哲學和美學中的身體作為研究對象，既有彌補兩漢哲學和美學研究嚴重不足的可能性，也是試圖通過身體這一「小問題」見微知著，實現對漢代哲學和美學資源的分類整理，並進一步透視其時代精神。

六

本書屬於思想史論，目的在於從兩漢身體思想中引申出相應的美學命題，為魏晉美學研究提供一個新的解釋途徑。具體內容分為以下五個方面：

第一，兩漢美學對於身體的理論定位。漢代思想家對身體的認識涉及性、命、形、神、志、氣、心、體等諸多範疇，但擇其要者，則可歸納為形與神、心與體的組合形式。就形神與心體的關係而論，形是體的表象，神是心的功能。或者說，形以體為根據，神以心為居所。比較言之，心體是比形神更本源的關於身體的概念，適合作為哲學問題來討論；形神則是比心體更感性的

〔註31〕任繼愈：《中國哲學發展史‧秦漢卷》，人民出版社 1985 年 2 月版，第 4 頁。

關於身體的概念，更宜成爲美學關注的問題。據此，本章重點探討了漢代形神和骨相理論的內在構成及對魏晉美學的影響。

第二，兩漢美學爲身體設定的存在境域。本章主要研究兩漢思想者如何認識身體與對象世界的關係。由於漢代哲學趨於感性的特點，它極少在抽象意義上談人與對象世界的關係，而是更具體地講身體與世界的同構性和同源性。以此爲基礎，漢代人認識世界的過程，就是將身體經驗對象化爲世界經驗的過程，從而使對象世界成爲身體的有機延伸。漢代對身體起源的形而上追問，經歷了神話、哲學、神學諸階段。其中，身體的神性起源爲天人相副、天人感應提供了理論基礎。這種用身體經驗建構世界的方式，對後世中國的自然美觀念和山水畫理論形成了重要影響。

第三，身體的社會規訓。本章主要探討漢代禮樂服制對身體的倫理再造。漢代儒學自賈誼始，一直將禮樂服飾作爲對人進行倫理再造的重要手段。禮約束人的身體行爲，樂調適人的內在精神，經過禮樂訓練的身體必然是身心和諧的雅化的身體。在漢代，著裝被視爲區分文明和野蠻的重要標誌，服裝色彩、制式和紋飾的差異是對人社會政治地位的直觀表現。在此，服裝的審美功能與符號功能，不僅共同造就了身體的意識形態性，而且與禮樂一起，實現了人體從自然創化向社會再造的躍升。

第四，身體的理想指向。本章主要探討漢代儒家、道家、道教、佛教對生死問題的不同思考。在中國歷史上，漢代應算是最隆重地對待死亡的一個時代，漢墓的規模及出土的大量陪葬品證明了這一點。在這一時期，儒家對死後的世界不抱幻想，所以借厚葬和三年之喪來延續生者對亡人的記憶；道家以人最終返歸自然作爲身體理想，所以反對厚葬。另外，道教試圖通過藥物服食等手段將人的生命無限延長，直至成仙，從而有效避免死亡；佛教則要將人引向超現實的彼岸，讓肉身的死亡成爲在極樂世界永生的契機。

第五，兩漢身體觀念對魏晉美學的開啓。漢代思想者對身體內在構成的認知，以及對身體與自然、社會、死亡關係的思考，基本代表了當時人自我關切的基本層面。這種身體之思對後世中國美學，尤其是魏晉美學形成了重要影響。本章主要研究漢代察舉制度與魏晉人物品藻的關係，漢人對死亡的應對與魏晉風度的形成，以及魏晉時期如何以身體爲範式建構藝術從而導致了藝術的自覺等。

從中國當代關於魏晉美學的研究現狀看，這種歷史影響研究是重要的。

新時期以來，受宗白華先生《論〈世說新語〉與晉人的美》一文的影響，學界已習慣於將魏晉美學精神的產生歸因於當時黑暗的社會現狀，關於這一時期美學的歷史發生研究幾近闕如。本章試圖證明，中國美學史並不總是「另起爐竈」的歷史，它的連續性遠遠地大於因朝代更迭而產生的斷裂。這種連續，表明歷史在其深層有其經得起時間考驗的前後一致；而這種一致，則蘊含著一個民族對美認識的恒久不變的本質。

第一章　兩漢美學對身體的規定

　　公元前 167 年，齊太倉令淳于意被誣告，將押赴長安受刑。他的小女兒緹縈隨父去了長安，向漢文帝上書求情道：「妾父為吏，齊中皆稱其廉平，今坐法當刑。妾傷夫死者不可復生，刑者不可復屬，雖復欲改過自新，其道無由也。妾願沒入為官婢，贖父刑罪，使得自新。」[註1]緹縈的上書讓漢文帝很受觸動，於是頒《除肉刑詔》云：

　　　　蓋聞有虞氏之時，畫衣冠異章服以為僇，而民不犯。何則，至治也。今法有肉刑三，而姦不止，其咎安在？非乃朕德之薄而教不明歟？吾甚自愧。故夫訓道不純而愚民陷焉。《詩》曰：「愷悌君子，民之父母。」今人有過，教未施而刑加焉，或欲改行為善而道毋由也。朕甚憐之。夫刑至斷支體，刻肌膚，終身不息，何其楚痛而不德也，豈稱為民父母之意哉？其除肉刑。[註2]

　　西漢文、景二帝，是黃老作為官方哲學的時期。這一學說之所以成為治國理念，既是秦漢之際的戰亂導致民生凋弊的背景使然，也與漢初官方和知識界對秦朝暴政的普遍反省有關。這種反省的直接結果，就是政治上主張「清靜無為」、「與民休息」，刑治上主張「以德化民」，「政簡刑清」。《除肉刑詔》應是這一精神的體現。此後，同樣信奉黃老的景帝，也對斷人肢體、刻人肌膚的殘酷刑罰持反對態度。他在追懷其父的一篇文章中，曾特意將「除誹謗，去肉刑」列為文帝治世功德的重要表現。[註3]西漢初年，除肉刑之外，對人

〔註1〕　《史記‧孝文本紀》。
〔註2〕　《史記‧孝文本紀》。
〔註3〕　漢景帝：《定孝文帝樂廟詔》。見《史記‧孝文本紀》。

的身體造成重創、甚至奪人性命的刑罰還有笞刑。公元 156 年，漢景帝下《減笞詔》云：「加笞與重罪無異，幸而不死，不可爲人。」基於這種看法，他下令將鞭刑中原來的五百減爲三百，三百減爲二百。五年後，他又一次頒《減笞法詔》，其中講道：「加笞者或至死而笞未必，朕甚憐之。其減笞三百曰二百，笞二百曰一百。」〔註4〕

封建帝王廢除肉刑或減少笞刑的動機，到底是出於政治權謀還是人道精神，不是本書考慮的問題。這裡需要注意的是，從古至今的刑罰（包括死刑、肉刑，笞刑，甚至包括上古時期的象刑。〔註5〕）爲什麼大都最終指向了人的身體。顯然，法律的正義原則是通過對犯罪者進行有效懲戒來實現的，而懲戒的效用則依託於對人最珍視的東西的摧毀和剝奪。以此爲背景可以看到，如果法律的懲戒最終都以人的身體爲目標，這就從相反方面證明了身體對於人的重要性。進而言之，任何刑法的變革都以法哲學、法理學的變革爲基礎，都有對人的價值和哲學信念的重新定位在背後起促動作用。從這種理論與實踐的關聯看，秦朝的嚴刑峻法與法家提供的理論基礎密不可分，而漢初文、景二帝的除肉刑、減笞刑，也必然並非出自帝王的一念之善，而是可以從當時的哲學和美學中找到理論根源。可以認爲，這種理論根源就是漢代哲學和美學對身體的規定。

第一節　哲學的轉折與身體的凸顯

一、西漢哲學的轉折

徐復觀在評價漢代思想特點時說過：「漢人不長於抽象思維，這是思想上的一種墮退。」〔註6〕確實，由於大一統中央集權政治的建立，漢代思想大多是試圖爲政權建構提供理論依據和智慧支持，其總體上趣於功利和實用。這種傾向，使任何純粹的玄學思辨都面臨著要以「落到實處」來彰顯其價值的問題。比較言之，先秦時期的「老莊以道言創生，是出自思維的推理，是純

〔註4〕　上兩段引文均見《漢書·刑法志》。
〔註5〕　象刑即規定犯罪者穿戴與常人不同的服裝，以示懲戒。最早見於《尚書·虞書·益稷》：「皋陶方祗厥敘，方施象刑，惟明。」
〔註6〕　徐復觀：《兩漢思想史》第二卷，華東師範大學出版社 2001 年 12 月版，第 133頁。

粹的形而上學的性格。其自身含有嚴格的合理性」，〔註7〕但在漢代黃老哲學中，道基本上讓位於「太一」、「天」、「氣」、「陰陽」這些更具體的範疇，即從哲學的本體論下降為宇宙論。與此一致，漢代以董仲舒為代表的儒學，其理論方式是將道家形上學的格架裝入儒家經世致用的內容，以組成適應政權建設的宏大理論系統。〔註8〕但是，這種為儒家哲學補形而上學的工作，其結果不是對現實人生的脫離，而是抽象的邏輯範疇向具體實存層面的下降。從董仲舒的《春秋繁露》可以看到，這種下降使道成為意志性的天甚至身體性的天，使天與人的關係成為天心與人心相應相感、天體與人體相類相副的關係。由此建立的理論系統，則是天地四季、陰陽五行和政權結構嚴格對位，並進而被格式化、數字化的操作系統。

就哲學思辨品格的下降而言，徐復觀說漢代思想之於先秦是一種「墮退」，自有他的道理。但是，這種墮退也意味著漢代哲學是接著先秦講，而不是「照著講」。在對人的研究方面，這種「接著講」就是將先秦哲學關於人性的深度追問一步步落實為人性所依託的物質性載體，即人的身體。比較言之，先秦哲學講人，基本上從三個層面展開：一是人性與道性的關係，即從道家哲學的萬物皆有道性出發，以道性作為人性的根據；二是關於人的倫理本性的討論，即儒家孔、孟、荀廣泛涉及的「人獸之辨」問題；三是對人性的定性判斷，即孟子、荀子的性善性惡之爭。這些討論所涉及的「人」，都是普遍的、不及物的概念性存在，而不是具體存在。而漢代哲學則很少再圍繞「人」這一抽象概念侃侃而談，而代之以身體的實存樣態，即從人學的抽象主義轉向身體的實存主義。比如先秦道家熱衷討論的人性與道性的關係，在漢代哲學中基本被天生人身、天人同體取代（《淮南子》）；先秦儒家關於人性善惡的爭論，則向「善惡混」這一人性的平面還原（揚雄）——這種既善既惡又非善非惡的特性正是身體作為有機生命存在的屬性。〔註9〕

哲學主題從「人」的問題向「身」的問題的變化，意味著漢代哲學是對

〔註7〕　徐復觀：《兩漢思想史》第二卷，華東師範大學出版社2001年12月版，第135頁。

〔註8〕　如揚雄《法言·問道》云：「老子言道德，吾有取焉耳。」

〔註9〕　漢人也講「人獸之辨」，但已不是圍繞抽象的人性，而是從具體實踐和行為規範等層面進行區隔。如揚雄《法言·學行》云：「人而不學，雖無憂，如禽何？」《法言·修身》云：「天下有三門：由於情慾，入自禽門；由於禮義，入自人門；由於獨智，入自聖門。」

先秦哲學抽象命題的具體化，是對先秦哲學關於人的宏大敘事的還原和消解。或者說，人是觀念性的，身體是構成性的，先秦哲學關於人的觀念判斷及邏輯架構，被漢代思想家用構成性的身體進行了有效圖解。這種變化，使我們討論漢代哲學和美學中的身體成為可能。

那麼，漢代哲學為什麼會發生這種轉向？可以認為，除了當時封建集權政治對學術必趨於實際的要求之外，還應與以下原因有關：首先，西漢前期的黃老之學，雖然其著作中存在大量對老莊（特別是莊子）言論的直接引用和轉述（如《淮南子》），但從思想源流上看，它卻是由齊國稷下道家到《呂氏春秋》、再到《淮南子》的傳承脈絡。這一支系是道家的入世派。由於其代表人物多與現實政治有密切關係，所以它的道論最終必由理論落實於實踐、由世界觀落實於方法論。也就是說，它的「道論」服務於「道術」，它對道之體的闡釋有一個最終目的，即道之用。正如司馬談《論六家要指》云：「道家使人精神專一，動合無形，贍足萬物。其為術也，因陰陽之大順，採儒墨之善，撮名家之要，與時遷移，應物變化，立俗施事，無所不宜。」〔註 10〕它追求的「道之用」主要包括兩個方面，一是用世，即作為帝王術的側面；一是重生，即全身貴己的側面。在這兩個方面中，身體的守護又是第一性的，即：「神者生之本也，形者生之具也。不先定其神（形），而曰『我有以治天下』，何由哉？」〔註 11〕

稷下道家和《呂氏春秋》對漢初黃老之學的影響，是治漢代思想史家的公論。茲不贅述。再看漢代經學的發展：

由於政治理念的尖銳對立，儒家是秦王朝的重點打擊對象。經過秦始皇的「焚詩書，坑儒士」，加上秦漢之際的戰亂，儒學的傳承在漢初面臨著嚴重的危機。西漢初年，高祖劉邦對儒學不感興趣，文、景二帝及竇太后尊奉黃老，儒學在國家政治生活中無足輕重。到漢武帝時已是「書缺簡脫，禮壞樂崩」。〔註 12〕這種儒學的非主流化和文字性典籍的缺失造成了兩種後果，一是漢代儒生對先秦儒家文獻的傳承多採用口口相授的方式，從而導致了儒家經典及其釋義的非確定性；二是在漢代，尤其武帝時「大收篇籍，廣開獻書之路」，這種文化舉措導致了大量偽書的出現，〔註 13〕為經典的甄別帶來了難

〔註10〕見《史記‧太史公自序》。
〔註11〕見《史記‧太史公自序》。
〔註12〕《漢書‧藝文志》。
〔註13〕關於漢代大量偽書出現的原因，胡適在《中國哲學史大綱》中曾有相當有趣

度。但是，從儒家思想的創新角度看，這種負面後果也有其正面意義，即：經典的非確定性，為儒家思想的重新闡釋和現代改造提供了千載難逢的機遇，使先秦森嚴壁壘的學術對立，在重釋中有了與其他學派融會的可能性。同時，大量偽書的出現，也可以使儒學的「原教旨主義」增加一些時代性的內容。可以認為，西漢前期始於賈誼、成於董仲舒的為儒家哲學補形而上學的工作，是脫離不了這種背景的。

　　從秦漢時期儒學自身的理論沿革看，先秦孔孟之學，其主旨在於表達人文知識分子的政治道德立場。這種立場具有鮮明的個體性，缺乏一種國家哲學所要求的理論的宏闊和政權建構上的可操作性。在這種背景下，董仲舒借助黃老拓展儒家哲學的思維空間，將天地人神共同組入一個各就各位的大一統系統，就顯得尤為重要。〔註14〕這種經過改造的「新儒學」，一方面完成了天與人的對接和貫通，另一方面又在黃老哲學的影響下，將道的虛無化轉換為天的對象化，將人的倫理本性落實到身體層面的生理實存。由此建立的天人關係，當然也就成了物理性的天與身體性的人的比附關係。這種實體性的天人對應構成了儒家以道德之天與人的倫理本性相比附的感性基礎。有了這種基礎，理解人，或者更直接地說理解人的身體，也就等於理解社會政治和天地運演的基本規律。如董仲舒云：「身猶天也」，「行有倫理，副天地也。此皆暗膚著身，與人俱生。比而偶之弇合。」〔註15〕從國家治理的角度看，董仲舒以天體類人身，也為統治者提供了一個更簡便的治理國家的手段。即：可以通過瞭解人自身的結構和內在屬性，變相實現對虛無飄渺的天地陰陽消息的洞悉。只要瞭解了人身，也就瞭解了天下。所以正如董仲舒所言：「人主之道，莫明於在身之與天同者而用之」。〔註16〕

　　的分析：「試看漢代求遺書的令和和諸王貴族求遺書的競爭心，便知作假書在當時定能發財。這一類造假書的，與造假古董的同一樣心理。他們為的是錢，故東拉西扯，篇幅越多，越可多賣錢。」東漢應邵所言似可為此說之佐證：「武帝廣開獻書之路，立五經博士，開弟子員，設科射策，勸以官祿，訖於元始，百有餘年，書積如丘山，傳業浸眾，枝葉繁滋，經說百萬言，蓋利祿之路然也。」（《風俗通義》佚文，見《太平御覽》卷第六〇七。）
〔註14〕比較言之，先秦儒家以「正名」為起點，這是對問題進行概念的解決。而漢儒，尤其是董仲舒所做的則是「正位」工作，即將先秦儒學的抽象概念具體化為實指對象，然後在各就各位中確立清晰的天人相副的世界框架。
〔註15〕《春秋繁露・人副天數》。
〔註16〕《春秋繁露・陰陽義》。

二、漢初文化與社會特性

通過以上分析可以看出，漢代學術轉折以及由此導致的對人的身體的關注，現實政治要求和學術自身發展是其主導性的原因。但除此之外，其他原因也是存在的，如劉氏王朝興起所依託的文化背景及統治集團的文化素養等。從文化背景上看，高祖劉邦及其追隨者多來自荊楚之地，楚地崇鬼敬巫的文化所生成的是一個奇禽怪獸、獅虎猛龍、人神共舞的想像世界。關於楚文化對漢代的影響，我們可以從當時的文賦、帛畫和畫像石看得十分清楚，沒有詳述的必要。〔註17〕問題在於，這種想像往往將對世界的認知對應於具體形象，和理性主義者以抽象概念概括世界的思維方式形成了鮮明對比。比如在先秦，老莊哲學由道論而生發的宇宙論，建立在概念演繹的基礎上，是理智清明的。而楚文化寄寓浪漫想像的宇宙觀則是眾神各霸一方的宇宙觀。由此建構的世界圖式，被東皇太一、大司命、少司命、山鬼等眾神充塞，而這些神祇無一不表現出與人同類的身體性特徵。楚文化這種用想像建構世界的方式，具有鮮明的感性特點，是將原本空曠無垠的空間世界用形形色色的神性身體塞滿。比如漢王朝的歷史，就是從高祖斬白帝子開始的。這則劉邦「受命」的祥瑞，以龍蛇之間的身體性搏鬥作為楚必勝秦的感性寓言，帶有楚文化將虛存的命運化為想像的實有的鮮明特點。〔註18〕

從文化修養上看，劉邦及其手下的猛將重臣，多係出身草莽。有的「貧無行」，有的「以屠狗為業」，有的為「群盜」之子。劉邦則自小「不事家人生產作業」。任泗水亭長時，「廷中吏無所不狎侮，好酒及色」。〔註19〕後來攻下秦都咸陽，更是一度被前朝帝王的糜爛生活誘惑──「入秦宮，宮室帷帳狗馬重寶婦女以千數，意欲留居之」。〔註20〕劉邦的這種為人及做派，明顯不像傳說中的聖王那樣具有讓人尊敬的人格操守和道德自覺。與此一致，他手下的將士隨其出生入死，也並非全為替天行道、匡扶正義的目的，而是有蓬勃的個人欲望在其中導引。如高祖五年，天下已定，正是預期中的鍾鼎玉食、

〔註17〕 此外，《史記・劉敬叔孫通列傳》中，曾記載了漢初名儒叔孫通與高祖劉邦的交往。其中一段鮮明地表現了劉邦對楚文化的態度。其中有云：「叔孫通儒服，漢王憎之；乃變其服，服短衣，楚制，漢王喜。」

〔註18〕 關於楚文化的這一特點，詳參劉成紀：《宋陳文化與宋陳之學》，《社會科學戰線》1998年第5期。

〔註19〕 《史記・高祖本紀》。

〔註20〕 《史記・留侯世家》。

功名富貴行將兌現的時候，於是群臣在朝廷上「飲酒爭功，醉或妄呼，拔劍擊柱」，〔註21〕讓高祖皇帝無計可施。可以認為，有這種逐富求貴、縱慾尋歡的身體性慾望做基礎，漢初君臣排斥帶有禁欲色彩的儒家就是必然的。從《史記》看，劉邦對儒生極端憎惡——「沛公不好儒，諸客冠儒冠來者，沛公輒解其冠，溲溺其中。」當時，他手下著名的大臣陸賈經常談論詩書，這讓他大為惱火，於是罵道：「乃公居馬上而得之，安事詩書？」〔註22〕

「人之好色，非脂粉所能飾」。〔註23〕從某種意義上講，西漢前期統治者對儒家思想的排斥，也是世俗身體之欲對文明價值原則的排斥。這種排斥，最直接地表現為政治集團內部對感性愉悅和功名利祿的追求。關於這一點，《淮南子》說過一句大實話：「人之所以樂為人主者，以其窮耳目之欲，而適躬體之便也。」〔註24〕此後，桓寬《鹽鐵論》中，以桑弘羊為代表的政府高官與山東賢良文學的辯論，雖然出現在漢昭帝時期，但它依然可以映顯出有漢一代特權階層的基本價值觀。如其中丞相史云：

> 蓋聞士之居世也，衣服足以勝身，食飲足以供親……八十日耋，七十日耄。耄，食非肉不飽，衣非帛不暖。故孝子曰甘毳以養口，輕暖以養體……夫以家人言之，有賢子當路於世者，高堂邃宇，安車大馬，衣輕暖，食甘毳。無者，褐衣皮冠，窮居陋巷，有旦無暮，食蔬糲菜茹，腰臘而後見肉。老親之腹非唐園，唯菜是盛，夫蔬糲，乞者所不取，而子以養親，雖欲以禮，非其貴也。〔註25〕

這段話，雖然丞相史講的是以良好的物質條件持家養親，但這顯然不過是為自己的奢華生活尋找藉口。關於西漢前期政治特權階層物欲和肉欲放縱的狀況，枚乘在其《七發》中有形象的描述。如其所言：「今夫貴人之子，必宮居而閨處。內有保姆，外有傅父，欲交無所。飲食則溫淳甘脆，腥醲肥厚；衣裳則雜沓曼暖，燂爍熱暑。雖有金石之堅，猶將銷鑠而而挺解也，況其在筋骨之間乎哉？」另外，從《漢書・景十三王傳》看，西漢前期皇室貴族的荒淫幾乎到了喪失人性的程度，倡俳裸戲、子姦父妾、兄妹亂倫、人獸雜交，確實非任何一個時代所能及。

〔註21〕　《史記・劉敬叔孫通列傳》。
〔註22〕　《史記・儷生陸賈列傳》。
〔註23〕　《新語・本行》。
〔註24〕　《淮南子・精神訓》。
〔註25〕　《鹽鐵論》卷五《論誹》、《孝養》。

　　但是，從《史記》看，西漢前期統治者又是崇尚節儉的。由於連年戰爭使國家積弱積貧，統治者放棄了秦王朝的橫征暴斂，由與民爭利改爲與民休息。像漢孝文帝，「即位二十三年，宮室苑囿狗馬服御無所增益，有不便，輒弛以利民」，〔註26〕可以稱得上中國歷史上最節儉的皇帝之一。與此一致，作爲漢初官方哲學的黃老之學，也崇尚節儉。如《淮南子》云：「君人之道，處靜以修身，儉約以率下。」〔註27〕對於這一史料相互矛盾的問題，必須作兩點判斷：首先，皇帝率先垂範、哲學提倡節儉，並不必然意味著全社會都能將這種生活態度付諸實踐，相反，只有社會主導性的生活方式與此種觀念相背離，這種垂範和提倡才顯出它的必要性和價值。也就是說，個別人物因節儉、去欲而出名，反而可能是整個社會反其道而行的證明。如《史記》載：「故孝惠時郎侍中皆冠鵔鸃，貝帶，傅脂粉。」這種妝扮顯然與西漢初年物質匱乏的狀況形成了矛盾。再如漢文帝，他節儉的生活原則也沒有成爲當時社會的普遍原則。如《史記》載：「孝文帝賜鄧通蜀嚴道銅山，得自鑄錢，『鄧氏錢』佈天下，其富如此。」〔註28〕其次，漢初黃老之學主張的「省嗜欲」，既包括物質之欲也包括身體之欲。可以認爲，沒有上文所言的縱慾作爲前提，省欲的提出就沒有任何意義；沒有認識到縱慾對人的身心造成的惡劣後果，省欲的必要性也不可能被人充分認知。從這種相反相成的辯證關係看，漢初政治的提倡節儉和省欲，不但不能證明那是一個節欲的時代，反而從相反方面證明了當時社會逐富求歡的生活觀念。

三、黃老的省欲及目的

　　身體之欲的放縱，既可以讓人獲得生理上的極大滿足，另一方面也必然給人的身體健康帶來嚴重的負面影響。即：身體消費必然最終殃及消費者自己。正是基於這種認識，西漢前期的思想家對縱慾傷身有清醒的認識，並試圖引導統治者過一種健康的生活。如枚乘《七發》言：「縱耳目之欲，傷血脈之和，且夫出輿入輦，命曰蹶痿之機；洞房清宮，命曰寒熱之媒；皓齒哦眉，命曰伐性之斧；甘脆肥膿，命曰腐腸之藥。今太子膚色靡曼，四支萎隨，筋骨挺解，血脈淫濯，手足惰窳；越女侍前，齊姬奉後；往來遊宴，縱姿於麴

〔註26〕《史記‧孝文本紀》。
〔註27〕《淮南子‧主術訓》。
〔註28〕《史記‧佞倖列傳》。

房隱間之中，此甘餐毒藥，戲猛獸之爪牙也。」與此一致，此後的《淮南子》則爲枚乘的現象判斷提供了更深層的生理學依據。如其所言：「耳目淫於聲色之樂，則五藏動搖而不不定矣；五藏動搖而不定，則血氣滔蕩而不休；血氣滔蕩而不休，則精神馳騁於外而不守，則禍福之至，雖如丘山，無由識之矣。」〔註29〕同時，對於重權在握的權力階層，縱慾的危害性更大，因爲他的身體不僅屬於自己，也屬於整個國家。他的「從此君王不早朝」，必然導致整個權力機構運行的失去效力甚至癱瘓。正是認識到了這一點，《淮南子》認爲，統治者的貴身就是貴天下，「夫縱慾而失性，動未嘗正也。以治身則危，以治國則亂，以入軍則破。」〔註30〕於此，統治者個人從欲望的叢林中解脫出來，就不但是爲他自己，也是爲了天下國家。

爲了避免肉欲放縱導致的身體傷害，枚乘在《七發》中開列了一系列藥方，如音樂、美食、登高、遠遊。最後，方術之士以他的「要言妙道」使身陷沉痼的太子「澀然汗出，霍然病已。」從這種情況看，枚乘首先是試圖讓人以有益的消遣活動獲得身體的健康，然後用對精神智慧的追求達到對肉體之欲的有效克服，最終使人成爲一個身心和諧、體魄智慧俱勝的現世偉男子。比較言之，《淮南子》與《七發》既有相同之處也有明顯不同。相同處在於，爲了身體的健康，兩者都主張克制身體之欲。不同之處在於，《七發》主要是靠外在手段的激發使人從肉欲的沉淪中超拔而出，以英雄氣戰勝脂粉氣，帶有漢代士人積極進取的精神取向；《淮南子》則只講養身，不講用世，或者說是以養身爲用世，試圖通過內在心性的修持達到對身體之欲的遺忘，進而實現生存的本眞和通達。如其所言：「節欲之本，在於反性；反性之本，在於去載。」「夫全性保眞，不虧其身。遭急迫難，精通於天。」〔註31〕「夫血氣能專於五藏而不外越，則胸腹充而嗜欲省矣。胸腹充而嗜欲省，則耳目清，聽視達矣。耳目清，聽視達，謂之明。」〔註32〕更重要的是，《淮南子》養身的最終目的並不僅在於身體的健康，更在於對身體固有局限的超越和生命的有效延長，即通過修煉成爲入火不熱、入水不濡、長生久視、不生不死的眞人。在此，關於身體現實可達的健康也就被進一步發展成了關於身體的理想。

〔註29〕《淮南子·精神訓》。
〔註30〕《淮南子·齊俗訓》。
〔註31〕《淮南子·覽冥訓》。
〔註32〕《淮南子·精神訓》。

　　《淮南子》為淮南王劉安及門客所撰。作為漢室宗親，雖然他本人「好讀書鼓琴，不喜弋獵狗馬馳騁」，但從他在著作中反覆提到放縱耳目之欲的危害，已可看出他是有所指的。也就是說，沒有當時貴族階層縱情恣欲的現實狀況，這些議論將變得毫無意義。在此，無論是基於人性本能的縱欲，還是基於長生久視的省欲，其思考都是圍繞人的身體展開的。從這個角度講，《淮南子》應有對當時沉溺於聲色犬馬的貴冑子弟進行忠告和警戒的意味在。但同時必須看到，無論講縱慾還是省欲，《淮南子》都繼承了漢代自劉邦以來對儒家不以為然的傳統。如其《精神訓》云：「今夫儒者，不本其所以欲，而禁其所欲；不原其所以樂，而閉其所樂；是猶決江河之源，而障之以手也。」「故儒者非能使人弗欲，而能止之。非能使人弗樂，而能禁之。夫使天下畏刑而不敢盜，豈若能使人無有盜心哉？」〔註33〕從《淮南子》對儒家的批判看，黃老之學與儒家以禮制欲的強制方式有大不同。比較言之，黃老之學首先承認「人生而有欲」，然後「因其自然而推之」。〔註34〕它所做的只不過是用不死之欲的更強烈誘惑讓人實現對耳目之欲的克服，用肉身不朽的許諾實現對當下肉體歡愉的超越。這中間，不管是耳目之欲還是不朽之欲，都是人的身體和生命的自然之欲。而儒家，則在人的自然維度之外引入了社會倫理的維度，是用對人之為人的更崇高價值使身體之欲成為必須被捨棄的對象。如孟子云：「理義之悅我心，猶芻豢之悅我口。」明顯是要用精神的倫理價值超越肉體。

第二節　何謂漢代的身體

一、西漢前期的「全身」

　　從上節分析看，西漢前期的政治和哲學轉向，漢王朝的文化背景和統治階層的生活狀況，共同使身體成為不可忽視的重要問題。但必須注意的是，人關注身體有多種原因，比如求知的興趣、科學研究的興趣、功利主義的目的等。但就漢代而言，對身體的重視明顯是以生命關懷為起點的，而且進一步落實到了對承載生命的身體的關懷。在西漢前期黃老之學的背景下，這種關懷體現在兩個方面，一是自我的關懷，如《淮南子》云：「使人左據天下之

〔註33〕《淮南子·精神訓》。
〔註34〕《淮南子·原道訓》。

圖而右刎喉，愚者不爲也，身貴天下也。」〔註35〕；二是對他者的關懷，像文帝、景帝的除肉刑、減笞刑等屬於這個方面。進而言之，按照黃老之學的邏輯，人珍愛自己的身體，對內就必須有效克服肉體生理欲望的無限膨脹，對外則要保證身體不受殘害。作爲統治者，則要體認到政治的安定並不能建立在傷人肌膚的基礎上，而應該以對他者身體的尊重體現自己的仁德。結合這兩點可以看出，漢初黃老之學的自愛和愛人，一個重要的方面就是將人身體的完整性，即全身，作爲生命關懷的最切實、最感性的體現。

中國哲學自古即講生命關懷，講「天地之大德曰生」，〔註36〕而生命又以身心、靈肉、形神的合一爲其表徵。一般而言，哲學作爲一種精神存在，它歷來看重精神價值，而將肉身看作精神超越的羈絆，或至少要比精神低一等級。比如先秦，孔孟強調人作爲精神存在的至高無上性（「吾善養我浩然之氣。」），莊子一脈的道家則講「德有所長而形有所忘」，甚至將身體的殘疾和畸形作爲判斷一個人是否具有德行、是否合於天道的形體標誌（「畸於人而侔於天。」）。但是，與孔、孟、莊標榜精神的純粹不同，先秦哲學的另一支系稷下道家則要顯得世俗，這種世俗性就是將精神超越的觀念下降爲養生貴己的觀念，並進一步將養生貴己具體化爲對身體的護持。這種思想從稷下管晏學派已可看得非常清楚，經《呂氏春秋》到漢代的《淮南子》則成爲黃老之學的重要理論支撐。

受其影響，在漢代，無論是儒家還是道家，都極端重視人身體的完整性。〔註37〕如成書於秦漢之際的《孝經》開篇即講：「體之髮膚，受之父母，不敢毀傷。孝之始也。」〔註38〕將保持身體的完整作爲對父母盡孝的最基本表現。司馬遷云：「人固有一死，有重於泰山，有輕於鴻毛，用之所趨異也。太上不辱先，其次不辱身，其次不辱理色，其次不辱辭令，其次詘體受辱，其次易服受辱，其次關木索被箠楚受辱，其次鬄毛髮嬰金鐵受辱，其次毀肌膚斷支體受辱，最下腐刑，極矣。」〔註39〕

〔註35〕　《淮南子·泰族訓》。
〔註36〕　《易傳·繫辭下》。
〔註37〕　徐復觀曾借莊子與《淮南子》對身體完整性（全身）的不同看法判明先秦兩漢哲學的區別。如其所云：「『全其身則與道爲一矣。』（《原道訓》第十五）無形中便否定了莊子以「形虧」爲「德全」之符驗的極端思想。」見《兩漢思想史》第二卷，華東師範大學出版社2001年12月版，第148頁。
〔註38〕　《孝經·開宗明義章》。
〔註39〕　《報任安書》。

從司馬遷的議論看，全身不僅僅是將父母給予的身體保護好，而是進一步牽扯到人格的尊嚴。以此爲背景，如何守身就成了西漢黃老之學解決的大問題。如嚴遵云：「口舌者禍福之門，滅身之斧。言語者天命之屬，形骸之部。出失則患入，言失則亡身。」〔註 40〕《鹽鐵論》云：「全身在于謹愼，不在於馳語也。」〔註 41〕在此，不管是言語的謹愼，還是行爲上的自我約束，都最終服務於一個目的，即盡最大努力保持身體的完整性。

二、完整的身體及構成要素

既然身體的完整性在漢代人心目中如此重要，如下的追問就是必要的，即：對於漢人而言身體是什麼；或者說，一個完整的身體包含哪些內容。

如前所言，自先秦始，中國哲學言及人的身體，就是強調靈肉合一的。身體在最基本層面指稱人的肉體，但其綜合指稱則是靈肉、身心、形神不分的有機生命形式。這種觀念在漢代，被《淮南子》以最清晰的方式表述了出來。如其《原道訓》云：

> 形神氣志，各居其宜，以隨天地之所爲。夫形者，生之舍也；氣者，生之充也；神者，生之制也。一失位則三者傷矣。是故聖人使人各處其位，守其職，而不得相干也。故夫形者，非其所安也而處之則廢，氣不當其所充而用之則泄，神非其所宜而行之則昧。此三者不可不愼守也。夫舉天下萬物，蚑蟯貞蟲，蝡動蚑作，皆知其所喜憎利害者，何也？以其性之在焉而不離也，忽去之，則骨肉無倫矣。

這段話的重要意義在於，它將組成人的身體的諸種要素——形、神、志、氣——進行了明晰的定位。首先，不管是形、氣還是神、志，都是圍繞著「生」展開的。也就是說，形神志氣四種要素共同構成了一個有生命的人的整體。其中，形是生命的載具，也是表徵著生命的外在形式，它只有被生命之氣充盈才能成爲活的形象。進而言之，如果說形對氣的承載與氣對形的充盈構成了一種對立，那麼，這種形能承載多少氣，這種氣會否衝破有限的形式，或者是否會因氣的不足而導致形的乾癟，就成了決定人的生命是否正常的大問題。在這種背景下，在形與氣的對立衝突之中，就必須有第三種力量從中調節，以使人的生命保持形氣和諧的最佳狀態。這第三種力量，就是《淮南子》

〔註 40〕《全漢文》卷四十二嚴遵《座右銘》。
〔註 41〕《鹽鐵論・孝養》。

所講的對形、氣進行有效協調和制約的神。

除了對形神志氣的基本定位之外，在這段話中，《淮南子》還講到各種身體要素的具體屬性和有效養護。比如「形非其所安而用之則廢」這句話，涉及到人體對所處之地的正確選擇。「氣不當其所充而用之則泄」，則涉及到生命之氣充盈的時機、強弱和邪正。關於這一點，《淮南子》講：「血氣者人之華也，而五藏者人之精也。夫血氣能專於五藏而不外越，則胸腹充而嗜欲省，則耳目清、聽視達矣。」〔註 42〕這裡的「不外越」是講氣之強弱必須符合形體的外在規定；再如《淮南子》云：「邪氣無所滯留，四支節族，毛蒸理泄，則機樞調利，百脈九竅莫不順比。」〔註 43〕則是講氣之正邪可能對人的機體造成的影響。當然，無論形的安處還是氣所充盈的時機、強度、邪正，最終起決定作用的還是對有機生命體起統攝作用的「神」。正是它的制約和統攝，最終保證了身體的完整性和內在和諧性。

上段引文，除形、氣、神之外，還涉及志。《淮南子》以「形神志氣，各居其宜」作爲生命存在的最佳狀態，但《淮南子》一書對「志」在生命體中所處的位置和作用卻很少談及。對於這種殘缺，我們可以結合孟子和公孫丑的對話做出補充：

> 「告子曰：『不得於言，勿求於心；不得於心，勿求於氣。』不得於心，勿求於氣，可；不得於言，勿求於心，不可。夫志，氣之帥也；氣，體之充也。夫志至焉，氣次焉。故曰：『持其志，無暴其氣。』」
>
> 「既曰『志至焉，氣次焉』又曰『持其志，無暴其氣』者，何也？」
>
> 曰：「志壹則動氣，氣壹則動志也。今有蹶者趨者，是氣也，而反動其心」〔註44〕

從這節對話可以看出，中國古典哲學中的神、志所指大致相同，但又有微妙分別。神爲「生之制」，志爲「氣之帥」，說明神是人的整體生命的統攝者，志是人內在生命之氣的主使者。也就是說，神是對包括形、氣的人的整

〔註42〕《淮南子・精神訓》。
〔註43〕《淮南子・泰族訓》。
〔註44〕《孟子・公孫丑上》。

體起作用的範疇，志的作用則限於人體內部。在志與氣之間，孟子以志為至，以氣為次，並說「持其志，無暴其氣」，明顯是將氣視為一個普遍性的概念，它可以充於人體，也可以充於自然界中的任何生命物。這樣，只有被人的心志統攝的氣才能擺脫作為生命之氣的一般性，成為支撐人的主體生命的個別。也就是說，志是使一般的自然之氣向人的生命之氣生成的決定因素，而神則是使生命的外在形式和本質內容獲得整體和諧的決定因素。兩者有統攝區域的小大之別。

一個完整的人體，涉及諸種概念。除了《淮南子》所舉的形、神、志、氣外，還有命、性等概念。為了完整地理解漢人的身體觀，進一步釐清命、性與形、神、志、氣的關係是重要的。關於這種關係，我們可以引述莊子的話做一補充。莊子云：「泰初有無，無有無名。一之所起，有一而未形。物得以生謂之德；未形者有分，且然無間謂之命；留動而生物，物成生理謂之形；形體保神，各有儀則謂之性；性修反德，德至同於初。」〔註45〕從這段話看，莊子用「且然無間」為命定義，說明命是一個普遍性的概念。命的運動生成萬物，萬物體現出各各不同的生命機理和秩序。這種結構和秩序的外觀就是形。在形與神的關係上，雖然莊子將神定位在形體之內（「形體保神」），但在作為「生之制」這一點上，與《淮南子》並無差異。另外，莊子用「各有儀則」來定義性，是說各種生命形態都有其不可超越的規定性。這一點與《淮南子》一致。《淮南子》認為，性使天下萬物各有喜憎利害。從這種對「性」的規定可以看出，性是人之為人的本質屬性。這也是後人總是用「人性」與「獸性」之類的概念對人與動物做出區分的原因所在。

以上論述，涉及命、性、形、神、志、氣諸概念。其中，由於命和性既可以指人命、人性，又可以指物命、物性，不為人專屬，所以我們在關於人的身體的討論中可以將其擱置。同時，由於神和志一個統攝人形氣合一的身體，一個統攝人內在的生命之氣，所以神作為一個涵蓋更廣泛的範疇，可以代替志被討論（這也應該是《淮南子》提到志卻沒有對其作用進行解釋的原因。）〔註46〕由這種情況看，《淮南子》以形、神、氣理解人的身體是有其道理的。

〔註45〕 《莊子‧天地》。
〔註46〕 《莊子‧達生》云：「用志不分，乃凝於神。」也說明神是志的超越形態。

三、「心」與五官百體

以形載氣，以氣充形，以神統攝形氣，是《淮南子》關於人體的基本認知。但必須注意的是，在漢代哲學關於人體的認知中，還有一個更重要的範疇，這就是心。關於心在人體中的位置和作用，《淮南子》以下的議論值得注意：

> 夫心者，五藏之主也，所以制使四支，流行血氣，馳騁於是非之境，而出入於百事之門戶者也。是故不得於心而有經天下之氣，是猶無耳而欲調鍾鼓，無目而欲喜文章也，亦必不勝其任矣。〔註47〕

> 五藏能屬於心而無乖，則教志勝而行不僻矣……通則神，神則以視無不見，以聽無不聞也，以爲無不成也。是故憂患不能入也，而邪氣不能襲。〔註48〕

> 故心者，形之主也；而神者，心之寶也。形勞而不休則蹶，精用而不已則竭，是故聖人貴而尊之，不敢越也……魂魄處其宅，而精神守其根，死生無變於己，故曰至神。〔註49〕

> 故至人之治也，心與神處，形與性調；靜而體德，動而理通。〔註50〕

> 能得人心者，必自得者也。〔註51〕

> 心者身之本也，身者國之本也。未有得己而失人者也，未有失己而得人者也。〔註52〕

從《淮南子》關於心的議論，可以看出以下問題：首先，心是一個橫貫人的生理、心理、行爲、精神的核心概念——作爲五臟之主，它負責調適、掌控人體內部的其它生理器官；作爲四肢和血液流動的指揮者和驅動者，它主使人的身體動作和現實行爲；它可以在是非之境馳騁、在百事之門穿行，是指人應對社會各種複雜情況的心智功能。同時，在《淮南子》看來，心是

〔註47〕《淮南子·原道訓》。
〔註48〕《淮南子·精神訓》。
〔註49〕《淮南子·精神訓》。
〔註50〕《淮南子·本經訓》。
〔註51〕《淮南子·泰族訓》。
〔註52〕《淮南子·泰族訓》。

否能夠實現對五臟的有效控制，往往決定著人行為的邪正，決定著人面對現實憂患的態度。從《淮南子》賦予心的多元使命和功能看，確實很難斷定它到底是一個生理器官還是一個屬於情感、精神範疇的思維器官。其次，就心與形、神、氣的關係看，心是形體的主宰（「形之主」），神是心靈中的最精華部分（「心之寶」）。關於心與氣的關係，《淮南子》在講這一問題時，首先是對「氣」進行了區隔。其中，化形萬物的氣，是指自然之氣；支撐人內在生命的氣則指血氣。由此，所謂心與氣的關係，更具體地講就是指心與血氣的關係。《淮南子》講心「所以制使四支，流行血氣，馳騁於是非之境」，正是對心與氣關係的明確定位，即：心不但凝聚著神、主宰著形，而且也是人體內部血氣流動的使動者。

董仲舒云：「身以心為本……精積於其本，則血氣相承受……血氣相承受，則形體無所苦。」〔註53〕這種對心與血氣關係的定位，與《淮南子》沒有區別。從這種情況看，在心、形、神、氣之間，如果將人體看作內容與形式的結合形態，那麼，形神合一就可以簡潔地標明人的整體存在；如果將人體理解為某種根本的驅動力量與相關對象的受動關係的組合，那麼，由於心對神、形、氣具有更根本性的決定作用，形、氣、神的問題最終就都可以歸結為心的問題。這樣，《淮南子》講「形者生之舍，氣者生之充，神者生之制」，表面看來好像是對一個身體的圓滿表述，但必須看到，「心」這一生命中樞卻在其背後形成了對身體的更根本的決定。

《淮南子》和董仲舒以心為生命中樞、為身體的一切決定因背後的最後因，這是否意味著研究心就等於研究了人的整體？顯然不是。因為研究身體，起碼有兩個途徑，一是因果決定論的途徑，二是存在論的途徑。也就是說，心決定身體存在，但它並不是身體的全部，存在論意義上的身體必須依託於形體的現實表現。在此，如果我們將人的身體稱為「活的形象」，那麼，心決定的是「活」，是以「活」為身體定性，這種「活」只有與有形的東西結合才能使人成為「活的形象」，成為一個真正意義上的身體。那麼這種有形的東西在漢代如何稱謂？按照徐復觀的看法，漢代哲學中的形指的是人的五官百體——「所謂神，即是精神，即是心的作用，也即是心。所謂氣，他們有時稱為『志氣』、『氣志』、『血氣』，而以血氣最為恰當」。這裡的志氣、氣志，與心理之心相聯（因為志是心之志），而血氣則與生理之心相聯，也就是說，人

〔註53〕《春秋繁露‧通國身》。

的內在之氣也可以歸爲心的問題。由此徐復觀得出結論：在漢代哲學中，「形與心有平等的價值」〔註54〕，即身體被漢人視爲心與形相結合的整體。

但仔細分析就會發現，徐復觀用形指稱人的五官百體、用心與形的結合指稱人的整體，這樣理解漢代人的身體觀是不妥當的。這是因爲，形是指事物呈現的感性外觀，而不一定是事物的眞實的存在。就對事物的稱謂方式而言，兩漢哲學是進行了嚴格的區分的。比如，王充《論衡》云：「太陽之氣，盛而無陰，故徒能爲象，不能爲形。」〔註55〕這是講在形、象之間，形比象更接近事物的眞實。《易傳·繫辭》云：「在天成象，在地成形，變化見矣。」〔註56〕正是說明由於天上的東西離人太遙遠，人只可能看到它非眞實的象，而無法把握它接近事物眞實的形。相反，大地上的東西就是人可以親身經驗的東西，所以人可以更切近地認識它的外觀。

但是，形就是事物的眞實存在嗎？顯然也不是。莊子云：「目之與形，吾不知其異也，而盲者不能自見；耳之與形，吾不知其異也，而聾者不能自聞。」〔註57〕從這段話看，形依託人的耳目等感官存在。人感知世界的過程，就是賦予事物形式秩序的過程，但這形式秩序只對人的感官才具有眞實的意義，而不必然就是事物的眞身。也就是說，被人的感官賦予對象事物的「形」，是被人的感覺器官的內在結構和感知能力決定的，事物本身的眞實必然只能是它的自我開顯或自我綻出，而不能寄託於感官。漢代哲學對這種區隔有清醒認識，如王充在談到妖時指出：「妖或施其毒，不見其體；或見其形，不施其毒。」〔註58〕這裡的「體」明顯是指事物本身，它不以人的見或不見等感性判斷作爲依據；而形則必然要訴諸於人的「見」，即被人的感官建構。從以上分析看，徐復觀認爲漢代哲學中的心與形有平等價值，明顯是將一個認識論層面的概念與存在論層面的概念進行了混淆。在漢代哲學中，與心有「平等價值」的概念是「體」，而不是「形」。

四、身心與形神之關係

形是人現象的存在，體是人眞實的存在。由於心與形的非對等性，兩漢

〔註54〕徐復觀：《兩漢思想史》第二卷，華東師範大學出版社 2001 年 12 月版，第 148 頁。

〔註55〕《論衡·訂鬼篇》。

〔註56〕《易傳·繫辭上》。

〔註57〕《莊子·庚桑楚》。

〔註58〕《論衡·訂鬼篇》。

哲學很少見到用心、形對舉指稱人的身體的情況，〔註59〕他們更願意將身體視為心與體的合一。如董仲舒云：

> 天之生人也，使人生義與利。利以養其體，義以養其心。心不得義不能樂，體不得利不能安。義者心之養也，利者體之養也。體莫貴於心，故養莫重於義。〔註60〕

> 君者，民之心也；民者，君之體也。心之所好，體必安之；君之所好，民必從之。〔註61〕

董仲舒的這兩段話雖然目的在於闡明義利、君臣關係，但其中以心、體對舉，已明顯可以看出他是用體指人的「五官百體」，而不是徐復觀所講的以形指「五官百體」。進而言之，人的體又是以身的方式存在的，所以，所謂的心體合一，又可以更普泛化地表述為身心合一。

如果說漢人所講的身體是身與心的合一，這很容易給人造成一種印象，即心作為一個與「身」或「體」並置的概念，它應該是在人的身體之外、並對人形成主宰的東西。事實並非如此。中國古典哲學，雖然也通過一系列範疇的對舉展開對問題的討論，如有與無、陰與陽、心與物等，但這種二元論卻有著一個本源論或生成論的背景。如在有和無之間，老子講：「天下萬物生於有，有生於無。」明顯是講「有」與「無」並不對等。其中，有是無的生成品，無是有的本源。具體到身與心的關係，尤其是在漢代哲學將個體、社會、政治、天地都組入一個「大一統」的系統時，社會政治的等級制，也要求對人身體的理解貫徹這種等級制原則。這樣，所謂的身心對等、平行的關係，其實是被表述成了中心和邊緣、使動與受動的關係。也就是說，心雖然是五臟之主、形之主或者身之本，但它並不是外在於身體的權力行使者，而是身體的有機組成，只不過是身體中的重要組成。

〔註59〕 徐復觀在《兩漢思想史》中，曾認定《淮南子》中的道家將心與形對舉，並認定「心與形有平等價值」，這明顯是一種誤判。徐氏的主要依據為《淮南子‧精神訓》：「故心者，形之主也；而神者心之寶也。」從這句話可以看出，心不僅與形對，也與神對。除此之外，心也可以與志對，與氣對。也就是說，心作為主宰者，它可以和身體的任何組成部分對舉。心與形的關係只是身心關係這個大問題中的局部問題，而不能說心形合一代表了《淮南子》關於身體的整體認知。可參閱《兩漢思想史》，華東師範大學出版社 2001 年版，第147 頁，第 148 頁。

〔註60〕 《春秋繁露‧身之養重於義》。

〔註61〕 《春秋繁露‧為人者天》。

從以上分析可以看出，雖然漢代人將一個完整的身體分解成了性、命、形、神、志、氣、心、體、身等諸多範疇，但擇其要者，則可歸納爲形與神、身與心的組合形式。就形神、身心兩組概念的關係而論，形是身體的表象，神是由心生發的功能。或者說，形以身爲根據，神以心爲居所。比較言之，身心是比形神更本源的關於身體的概念，形神則是比身心更感性的關於身體的概念。身心的本源性使它更適合作爲哲學問題被討論，形神的感性使它更宜成爲美學關注的問題。漢代以後，中國學術的發展也證明了這一點，如在魏晉這一唯美主義時代，形神關係引起理論家們的極大興趣；而身心關係則成爲宋明理學的核心問題。關於漢代身體哲學對後世美學和哲學的開啓之功，留待本書最後探討，茲不贅述。

第三節　形神骨相（一）

一、相術的背景

在司馬遷的歷史敘事中，漢王朝的歷史，其神性的側面從高祖斬白帝子講起，其身體的側面則起於劉邦做泗水亭長時「呂公選婿」的掌故。如《史記・高祖本紀》記云：

> 單父人呂公，善沛令，避仇從之客，因家沛焉。沛中豪桀吏聞吏有重客，皆往賀。……呂公者，好相人。見高祖狀貌，因重敬之。……酒闌，呂公因目固留高祖。高祖竟酒，後。呂公曰：「臣少好相人，相人多矣，無如季相，願季自愛。臣有息女，願爲季箕帚妾。」酒罷，呂媼怒呂公曰：「公始常欲奇此女，與貴人。沛令善公，求之不與，何自妄許與劉季？」呂公曰：「此非兒女子所知也。」〔註62〕

中國古代的相人之術源遠流長。《尚書・微子》云：「我舊云孩子，王子不出」按王充對這句話的解釋，〔註63〕這種相術起碼起源於殷周之際。到春秋時期，楚王欲立商臣爲太子，向令尹子上徵求意見，子上說：「是人也，蜂目而豺聲，忍人也，不可立也。」〔註64〕後又有晉國大夫叔向之妻巫臣氏生

〔註62〕《史記・高祖本紀》。
〔註63〕《論衡・本性篇》云：「微子曰：『我舊云孩子，王子不出。』紂爲孩子之時，微子睹其不善之性。性惡不出眾庶，長大爲亂不變，故云也。」
〔註64〕《左傳・文公元年》。

子，他的母親叔姬前去探望，但聽到嬰兒的哭聲就折返了回來。說：「是豺狼之聲也。狼子野心。非是，莫喪羊舌氏也。」〔註65〕從歷史文獻看，秦漢之際，這種相人之術應用相當廣泛。如楚漢爭霸時，范增曾力諫項羽殺掉劉邦，其理由為：「吾使人望其氣，皆為龍虎，成五彩，此天子氣也，急擊勿失。」〔註66〕

荀子云：「相人之形狀顏色，而知其吉凶妖祥。」對於這種極具神秘色彩的相術，如果我們不深入分析其產生的理論背景，極易將其列為封建迷信的一種表現。但在漢代，隨著關於身體理論的日益完善和成熟，加上朝廷通過察舉制選拔人材的現實需要，人們相信，人內在的生理、思想、精神、性情狀況，必然會在外部形象上體現出來。其中，內心情感的波動可能因理性的克制而不顯於形色，但人恒常的性情、生理狀況、道德操守、人格修養，卻會在外貌上留下永久的、無法遮掩的印跡，也即：「夫有病於內者，必有色於外也。」〔註67〕「有其內，必形於外。」〔註68〕這樣，詳察人的身體外觀，就成為洞悉人的心靈世界和內在生理狀況的有效手段。

那麼，這種相術的理論依據是什麼？只有弄清這個問題，才能對中國古代的人體美理想有更深刻的體認。下面結合漢代文獻做一分析：

二、《淮南子》論「形神」

前面曾經談到，漢代哲學和美學對人身體的理解，離不開兩組基本範疇：一是形神，一是身心。形是身的外觀，神是心的功能，所以形神代表了身體顯在的樣態。《淮南子》論形神，將形視為「生之舍」，將神視為「生之制」，但必須看到，在形神之間，神的作用不僅僅是對身體的規範、統攝和制約。它作為一種起於心之本源的生命力，除捍衛身體的完整統一之外，必然要求向形體彌漫和流溢。這種流溢，有點類似於普洛提諾所講的靈魂和物質世界的關係，也類似於黑格爾所講的「美是理念的感性顯現」或馬克思的「人的本質力量的對象化」。也就是說，形作為人體的感性形式，它不僅僅是以自身存在，而是作為內在精神的表現而存在。它是一種表現著神的形式，是有意味的形式。

〔註65〕《左傳·昭公二十八年》。
〔註66〕《史記·項羽本紀》。
〔註67〕《淮南子·俶真訓》。
〔註68〕《說苑·雜言》。

　　《淮南子》之所以強調神對形的制約，而不談神在向外生發過程中對形體的精神性再造，是和作者的現實生存處境及人生觀念密切相關的。漢初政治，延續了周王朝的諸侯分封制，但從高祖到漢武帝，一直對各諸侯王施加了強大的壓力。先是劉邦剪除異性諸王，繼是漢景帝鎮壓七國之亂，到武帝時更是進一步加強了對各個封國的控制。在這種背景下，淮南王劉安所抱持的危機感是可想而知的，由此背景所形成的人生觀念也必以生命的苟全為目標。這種目標的哲學表達不可能自我張揚，而只可能自我放棄、自我取消。即所謂「神無所掩，心無所載；通洞條達，恬漠無事；無所凝滯，虛寂以待。勢力不能有也，辯者不能說也，聲色不能淫也，美者不能濫也，智者不能動也，勇者不能恐也。」〔註69〕儼然一副在世僵屍的形象。但這種放棄和取消並不是將自己的生命也取消掉，相反，卻是以對欲望的無限放棄而最終服務於「全身」的目的。由此可以看出，《淮南子》將神的作用定位為「生之制」，將神的活動範圍定位為「內守形骸而不外越」，明顯有一種對自我張揚可能招致危險的恐懼在。

　　《淮南子》雖然以一種內斂的方式規範形神關係，但這並不妨礙他對人的外形與內在精神的相互貫通問題發表一般性看法。如其所言：「天有四時，人有四用。何謂四用？視而形之，莫明於目；聽而精之，莫聰於耳；重而閉之，莫固于口；含而藏之，莫深於心。目見其形，耳聽其聲，口言其誠，而心致之精，則萬物之化咸有極矣。」〔註70〕那麼，是什麼東西使人目明、耳聰、口固、心深呢？在《本經訓》中，《淮南子》用了一個比「神」更中立的概念，即「精」。如其所云：「精泄於目則其視明，在於耳則其聽聰，留于口則其言當，集於心則思慮通。」一般而言，精與神是兩個可以連用的概念，即我們今天所說的精神。但在《淮南子》的概念體系中，兩者卻是有區別的。精往往與氣相連，所謂精是指氣之精者；神則與心相連，是心的功能。氣沒有體現出主體的意志，是自在的，所以它可以自然而然地「泄於」目、耳、口、心，但神作為心的功能，它卻是主體意志的體現，是合目的的自為的存在，所以為了服務於全身的目的，它的任務就不是放而是收，不是泄而是守。正是基於這種內斂的哲學和人生觀念，《淮南子》在談到精泄於目、耳、口、心之後，他不是接著講人體內外貫通的正面意義，而是說：「故閉四關則身無

〔註69〕《淮南子・俶真訓》。
〔註70〕《淮南子・繆稱訓》。

患，百節莫苑，莫死莫生，莫虛莫盈，是謂眞人。」〔註71〕顯然，這種可以「閉四關」的東西，正是體現人的主體意志、作爲「生之制」的神。

如果說人是一個形神合一的整體，那麼這種合一必須是內外相貫通的合一，否則就成了一種機械的組合。顯然，人內在生理器官的運動和血液的流動狀況決定著人外在的體徵，而這種決定又必然在人的髮膚和五官上表現出來。《淮南子‧精神訓》云：「夫孔竅者，精神之戶牖也。」正是說明作爲外部孔竅的五官最能傳達來自人體內部的各種生命信息。但是，《淮南子》用「精」的外泄將人體內外貫通起來的方式依然顯得過於籠通。關於人內在臟器和外在感官更具體對應關係的闡述，我們可以參照秦漢時期的《黃帝內經》：

《黃帝內經》認爲，肝主目，心主舌，脾主口，肺主鼻，腎主耳。〔註72〕其中，「肺氣通於鼻，鼻和則知香臭矣。肝氣通於目，目和則知白黑矣。脾氣通於口，口和則知穀味矣。心氣通於舌，舌和則知五味矣。腎氣通於耳，耳和則聞五音矣。五藏不和，則九竅不通；六府不和，則留爲癰也。」〔註73〕從這段話可以看出，人的五臟決定著五官的感知能力，五官感知的能力也反過來映像出五臟的現實狀況。這樣，人的內部構成和外部表象不但靠精氣的聯動成爲一個不可分割的整體，而且觀察人的外部器官也就可以有效地洞察人的內在宇宙。〔註74〕

在此，我們不必深究這種內外聯動的人體理論到底有沒有科學性，關鍵在於這種判斷爲漢代哲學和美學中的形神合一，甚至相術提供了理論根據。

〔註71〕 《淮南子‧本經訓》。

〔註72〕 《黃帝內經‧素問‧陰陽應象大論篇》。關於這一問題，《淮南子》也講過，但與《黃帝內經》有異。如《精神訓》云：「形體以成，五臟乃形。是故肺主目，腎主鼻，膽主口，肝主耳，外爲表而內爲裏，開閉張歙，各有經紀。」以這種差異看中醫身體理論的形成，應能感覺到有一個過程。

〔註73〕 《史記‧扁鵲倉公列傳》司馬貞《索隱》。

〔註74〕 從《黃帝內經‧六節藏象論篇》看，人的五藏不僅與五官聯動，而且也必然在人的整體形貌上顯現。如其借黃帝與歧伯的對話講道：「帝曰：『藏象何如？』歧伯曰：『心者，生之本，神之變也，其華在面，其充在血脈，爲陽中之太陽，通於夏氣。肺者，氣之本魂之處也，其華在毛，其充在皮，爲陽中之太陰，通於秋氣。腎者，主蟄，封藏之本，精之處也，其華在髮，其充在骨，爲陰中之少陰，通於冬氣。肝者，罷極之本，魂之居也，其華在爪，其充在筋，以生血氣，其味酸，其色蒼，此爲陽中之少陽，通於春氣。脾胃大腸小腸三焦膀胱者，倉廩之本，營之居也，名曰器，能化糟粕，轉味而入出者也，其華在唇白，其充在肌，其味甘，其色黃，此至陰之類，通於土氣。』」

正是在這一基礎上，對人外部形體的認識就成了對人內部世界的認識，作爲形式外觀的人體就不再僅僅是它自身，而是一種凝聚無限內容的載體。以此爲背景看漢代的人體美觀念，它也就不再僅僅指向人體的外觀，而是以感性形式彰顯了人內在生命的縱深。

三、賈誼論「形神」

和《淮南子》在形神問題上所持的內斂態度不同。一般知識分子沒有這種因自己的存在與皇權相忤而產生的生存憂懼。相反，他們需要的是進取精神，以走向權力中心並實現政治抱負。基於這個原因，在形神關係上，西漢士人對內在生命的張揚，即精神之用是持肯定態度的，或者起碼不會用《淮南子》式的「閉四關」將內在生命的動能扼殺掉。從今天可以見到的漢代文獻看，最早詳論形神關係以及人的形體如何表現內在精神的是賈誼。如其《新書》云：

> 道者無形，平和而神。道有載物者，畢以順理適行，故物有清而澤。澤者，鑑也，鑑以道之神。擇貫物形，通達空竅，奉一出入爲先。故謂之鑑。鑑者，所以能也。見者，目也。道德施物，精微而爲目。是故物之始形也，分先而爲目，目成也形乃從。是以人及有因之在氣，莫精於目。目清而潤澤若濡，無毚穢雜焉，故能見也。由此觀之，目足以明道德之潤澤矣，故曰「澤者，鑑也」，「生空竅，通之以道」。

> 德者，離無而之有。故潤則腒然濁而始形矣。故六理發焉。六理所以爲變而生也，所生有理。然則物得潤以生，故謂潤德。德者，變及物理之所出也。夫變者，道之頌也。道冰而爲德，神載於德。德者，道之澤也。道雖神，必載於德，而頌乃有所因，以發動變化而爲變，變及諸生之理，皆道之化也。德受道之化，而發之各不同狀。德潤，故曰「如膏，謂之德」，「德生理，通之以六德之畢離狀」。

> 性者，道德造物。物有形，而道德之神專而爲一氣，明其潤益厚矣。濁而膠相連，在物之中，爲物莫生，氣皆集焉，故謂之性。性，神氣之所會也。性立，則神氣曉曉然發而通行於外矣，與外物之感相應，故曰，「潤厚而膠謂之性」，「性生氣，通之以曉」。

　　　神者，道、德、神、氣發於性也，康若濼流不可物效也。變化
無所不爲，物理及諸變之起，皆神之所化也，故曰「康若濼流謂之
神」，「神生變，通之以化」。

　　　明者，神氣在内則無光，而爲知明則有輝於外矣。外内通一，
則寫得失，事理是非，皆職於知，故曰「光輝謂之明」，「明生識，
通之以知」。

　　　命者，物皆得道德之施以生，則澤、潤、性、氣、神、明及形
體之位分、數度，各有極量指奏矣。此皆所受其道德，非以嗜欲取
捨然也。其受此具也，礜然有定矣，不可得辭也，故曰命。命者，
不得毋生，生則有形，形而道、德、性、神、明因載於物形，故曰
「礜堅謂之命」，「命生形，通之以定」。〔註75〕

　　從上面幾節引文，可看出賈誼論形神的兩個特點：一是他要爲形神問題
建立一個形而上的框架，即將形神納入他更加宏闊的理論體系中；二是他不
是專對著人體談形神及形對神的顯現功能，而是要談天下萬物寄神於形的普
遍規律。但很顯然的一點是，我們假如藉此能瞭解漢人如何爲形神問題設定
形而上的基礎，這對於身體理論的深化是有意義的。同時，瞭解天下萬物的
形神關係，也就等於瞭解了人體形神之關係。人體作爲普遍中的個別，它的
建構應該最鮮明地體現出了一般性的形神關係。

　　賈誼講形神從道開始。道本無形，在本性上「平和而神」。正是這種平和
使道所承載的萬物表現出清明潤澤的形象，可以像鏡子一樣實現對道之神奇
之功的映照。進而言之，鏡子雖然可以實現對道的映照，但這種映照必須寄
託於人的目視眼觀才有意義，由此，世間自在存在的萬物之形和道之神，也
就轉化爲爲人而在的東西，物對道的映照也就轉化爲人的眼睛對道的觀照。
在賈誼看來，正是爲了實現對道和物形的觀照，無形而有神功的道用它最精
微的部分最先創造了人的眼睛，即所謂「物之始形也，分先而爲目，目成也
形乃從」。那麼，人的眼睛爲什麼能夠實現對物形的觀照，或者說，是什麼力
量賦予了人的眼睛以觀照萬物之形的動能呢？要說清這個問題，必然不可能
單從道生萬物的自然角度來講，而只可能從人內部生命對眼睛的使動作用來
解釋。事實也是如此。賈誼像《淮南子》一樣，認爲人體是生命之氣充盈的

─────────────────────

〔註75〕《新書・道德説》。

形式（「人及有因之在氣。」），這種生命之氣的最精華的部分集聚於人的眼睛，它使眼睛像鏡子一樣清澈──「潤澤若濡，無毳穢雜」。由此看來，雖然賈誼為形神的關係建立形而上的背景，但其落腳點依然是人當下的身體實存；所謂的「神」，雖然源自於終極之道的「平和而神」，但它必然要內化為內在的生命之氣運化的神。進而言之，這種內在的神使人的眼睛清澈如鏡，也就意味著它在人的外部形貌上得到了顯現。它「足以明道德之潤澤」，則意味著神不但表現為人的外部形象，而且可以反過來為萬物賦形、實現對道的觀照。

在本體之道之後，賈誼講的第二和第三個概念是德和性。與道相比，德和性是兩個更具人體屬性的概念。在賈誼看來，道是無，德則「離無而始有」，是道凝結的形式，即所謂「道冰疑（凝）而為德」。這種形式表現為物即為物之形體，表現為人即為人的身體。同時，賈誼反覆強調德「潤」、「如膏」的屬性，認為「物得潤以生」，這無疑是在強調無論對象之物還是人的身體，都不可被視為機械冰冷的物質，而是一種有機的生命形式。但同時必須看到，無論是道還是德，都是從外部決定的側面體現其對人體和物的創造功能，除此之外，還必然有內部的決定因素。這種內部決定，被賈誼稱為「性」，即在天為德，在人為性。在賈誼看來，人體之所以可以成為一個有機生命形式，離不開氣的充盈。這種氣來自「道德之神」，但在人體內部厚積、集結、「濁而膠相連」。賈誼云：「性，神氣之所會也。」「潤厚而膠謂之性。」這兩句話說明，賈誼所言的性是生命之氣的凝結形式，它雖虛而未發，但隨時虛勢待發。作為一種動能，它隨時有向外擴張漫延的可能，即所謂「性立，則神氣曉曉然發而通行於外矣。」

最後，再看賈誼的神、明。與後來《淮南子》強調神對人趨於理性的主宰作用不同，賈誼的神明顯是指人內在生命動能（性）向外的投射和擴張。賈誼云：「神者，道、德、神、氣發於性也，康若瀿流不可效也。」這首先是講天地自然的一切能量積聚於性，然後它「康若瀿流」、「無所不為」的運動狀態就是神。但同時必須看到，無論性作為一種內部的動能，還是神作為這種動能的表現，它們都不是具象性存在。它們要獲得形式感，就必須以「明」的方式「輝於外」。按照一般的理解，人內在生命之氣的充盈必然會顯現於外在形貌，但從上面所引文獻看，賈誼顯然不這樣認為。他為神的外顯設定了一個前提，即「知」。如他所言：「明者，神氣在內則無光，而為知明則有輝於外也。」

內在生命流溢、投射於外部形象是一個自然的過程，和「知」，即人的認知能力會有什麼關係呢？要弄清這個問題，必須明白賈誼關於人與對象世界關係的基本判斷。在他看來，人作爲感知和認識主體，外部世界的形象化表現只有被人感知、認識才有意義，才能稱得上眞正意義的形象。也就是說，感知、認識是形象存在的前提，用現代的話講即「存在就是被感知」。前面他曾經提到過「目先形後」的觀點（「物之始形也，分先而爲目，目成也形乃從。」），正是說的這個意思。由此看人內在生命光輝的外顯問題，就可以發現，這種光輝只有獲得主體認知和判斷能力的確認，它的外顯才是有意義的。如果不被感知、不被人確認，所謂光輝的外顯就和不外顯沒有了實質性的區別。

天下萬物，起於自在的道德，終於被認知的神明。在賈誼看來，道生萬物，但萬物的存在是一種形式性存在。這基於如下看法：一方面萬物象鏡子一樣映照著道，也映顯著自身，所以它不是實象而是鏡象；另一方面，道生萬物的同時，也特別生出了感知萬物的眼睛，一切物在人的眼睛裏都表現爲形象，也使人的身體成爲形象的呈現。這種形象在道的生成中表現爲普遍和恒常，但在「受道之化」的德中則表現爲個體差異，即「發之各不同狀」。進而言之，對於包括人的身體在內的每一個個體形式，它們的存在都有內在的根據，即內在生命之氣的凝聚。這種凝聚一方面形成各各不同的物的或身體的內在本性，另一方面，這種內在的本性又以氣的方式向物或人的外在的形體發散，從而使形體成爲內在生命之光的表現。至此，對人而言，雖然賈誼用道、德、性、神、明等爲世界、爲自身，也爲人的知性能力定位，但物的存在和人的存在，歸根到底可理解爲形神合一的存在。其中，形是表現著內在生命（「神」）的形，神是洋溢於形體之上的神。這種形神互滲、互照的理想狀態被賈誼用玉來比喻，即所謂「夫玉者，眞德象也。六理在玉，明而易見也。」〔註76〕在此，玉一方面是形體，另一方面通過形式表象又可看到它內在豐富的含蘊。所以，賈誼所說的玉之「德象」，正是形神合一的美的人格形象。

四、四體、眉睫與眼睛

司馬遷論漢初思想大勢云：「自曹參薦蓋公言黃老，而賈生、晁錯明申商，公孫弘以儒顯。」〔註77〕這裡將賈誼歸於法家。但從賈誼將人形神合一所展

〔註76〕《新書・道德説》。
〔註77〕《史記・太史公自序》。

示的形象稱為「玉之德象」看，明顯是受了儒家思想的影響。如孔子云：「夫昔者君子比德於玉焉，溫潤而澤，仁也；縝密以栗，知也；廉而不劌，義也；垂之如隊，禮也；叩之其聲清越以長，其終詘然，樂也；瑕不掩瑜、瑜不掩瑕，忠也；孚尹旁達，信也；氣如白虹，天也；精神見於山川，地也；圭璋特達，德也。天下莫不貴者，道也。」〔註78〕此外，荀子及漢儒揚雄、劉向也有類似「以玉比德」的議論。同時，賈誼所講的「神」是一種向外發散的精神動能，也就是說，美好的內在道德精神總是會主動在人體的外觀形式上尋求表現，這種講法也和道家守神、藏精的內斂態度不同，而與儒家先賢與後進的哲學表達相呼應。如孟子云：

> 君子所性，仁義禮智根於心，其生色也，睟然見於面，盎於背，
>
> 施於四體，四體不言而喻。〔註79〕

內在的道德精神必在人體的外部得以表現，人的「四體」雖然不會言語，卻自然成為內在道德品性的隱喻。這種關於人體形式表現內容的判斷，在漢代起於賈誼，並被當時和後世的儒家思想者不斷申說、發展。如大致和賈誼同一時代的韓嬰云：

> 孔子見客。客去，顏淵曰：「客仁也？」孔子曰：「恨兮其心，
>
> 顙兮其口，仁則吾不知也。」顏淵蹙然變色，曰：「良玉度尺，雖有
>
> 十仞之土，不能掩其光。良珠度寸，雖有百仞之水，不能掩其瑩。
>
> 夫形體之包心也，閔閔乎其薄也。苟有溫良在其中，則眉睫著之矣。
>
> 疵瑕在其中，則眉睫亦不匿之。」《詩》曰：「鼓鐘于宮，聲聞于外。」
>
> 言有諸中必形諸外也。〔註80〕

再如東漢末年徐幹云：

> 君子者，表裏稱而本末度者也。故言貌稱乎心志，藝能度乎德
>
> 行，美在其中，而暢於四支。純粹內實，光輝外著。〔註81〕

這兩節引文，和孟子、賈誼所論沒有大的區別，但依然有兩個問題值得注意：首先，韓嬰並沒有泛論人內在精神的外顯問題，即認為精神可以普遍性地表現於人的整個身體，而是將人的「眉睫」作為內在精神得以集中表現的區域。其次，徐幹雖然像一般儒家一樣講「言貌稱乎心志」，但其落腳點則

〔註78〕《禮記‧聘義》。
〔註79〕《孟子‧盡心上》。
〔註80〕《韓詩外傳》卷四，第三十章。
〔註81〕徐幹：《中論‧藝紀》。

在「藝能度乎德行」，也就是說，它重點是講人內在的藝術修養和美麗精神的「光輝外著」，而不是一般道德本質的外顯。這種引申明顯為魏晉時期的人物品藻和唯美主義思潮提供了理論依據。

韓嬰認為：「溫良在其中，則眉睫著之也。」如前所言，這是將人以眼睛為中心的面部作為精神集中表現的區域。但這種從四體向人體的某一區域集中的傾向並沒有到眉睫就完結，而是進一步向眉睫所襯托的眼睛集中。如孟子云：「存乎人者，莫良乎眸子，眸子不能掩其惡。胸中正，則眸子瞭焉；胸中不正，則眸子眊焉。聽其言也，觀其眸子，人焉瘦哉。」〔註82〕在漢代，孟子這種以眼睛為內在精神集中表現區域的看法，得到了更詳細的闡釋和發揮。如王充云：

> 且孟子相人以眸子焉，心清而眸子瞭，心濁而眸子眊。人生目
> 輒眊瞭，眊瞭稟之於天，不同氣也，非幼小之時瞭，長大與人接乃
> 更眊也。性本自然，善惡有質，孟子之言情性，未為實也。〔註83〕

> 望豐屋知名家，睹喬木知舊都。鴻文在國，聖世之驗也。孟子
> 相人以眸子焉，心清則眸子瞭。瞭者，目文瞭也。夫候國占人，同
> 一實也。國君聖而文人聚，人心惠而目多采。〔註84〕

> 以心如丸卵，為體內藏；眸子如豆，為身光明。〔註85〕

王充雖然對孟子關於人眼睛的眊、瞭隨人性而變的觀點持反對意思，但在眼睛可以最直觀地反映人內在道德本質這一點上則是一致的。那麼，這裡需要進一步追問的問題是，為什麼內在精神一方面可以表現於人的四體，另一方面又集中地表現於人的面部、眉睫，並最終集聚於人的眼睛呢？回答這一問題，我們必須結合漢代哲學對人體的生理認識來考察：

首先，中國古代哲人一直有一個讓後人不能理解的看法，即認為人生命和思維的中心在胸腔部位，「心之官則思」，而不在大腦，這種觀點曾被現代中西哲學家視為對東方人有機生命整體觀念的絕好闡明。〔註86〕如果我們認為這一觀念是合理的，那麼人的頭部或者說大腦在一個有機生命體中起的作

〔註82〕《孟子·離婁上》。
〔註83〕《論衡·本性篇》。
〔註84〕《論衡·佚文篇》。
〔註85〕《論衡·別通篇》。
〔註86〕相關問題可參照劉成紀：《心音同形理論與音樂格式塔重建》，《文藝研究》1994年第3期。

用是什麼？關於這個問題，我們可以從王充的一句話瞭解到相關訊息。王充云：「五藏氣之主也，猶頭脈之湊也。頭一斷，手不能取他人之頭著之於頸……」〔註87〕從這段話可以看出，王充是將五藏視爲人生命的中心，將頭部視爲人血脈彙集的區域。按照中國秦漢時期的一般觀點，人內在生命的支撐和外顯，所依靠的就是血氣的運動。如果人的頭部是血脈聚集的地方，這也就意味著這一區域最能彰顯人內在的生命精神，最能使人的美、人的道德、人的生命得到燦爛的表現。

其次，如《淮南子》云：「夫孔竅者，精神之戶牖也。」〔註88〕也就是說，在當時人的心目中，人的眼、耳、鼻、口、舌這些器官，被視爲內在生命精神向外部世界敞開的窗戶。依照這種認識，這些存在於人面部的「孔竅」當然最能透視出心靈的奧秘，而這些「孔竅」本身也當然成了人內在精神最集中體現的區域。

第三，如前所言，在人的諸種面部器官中，秦漢哲人又最重視眼睛對人內在生命和道德意志的表現力。當時人之所以有這種看法，也與他們對人體的理解有關係。按照秦漢時期的醫學理論，目與肝聯動，即所謂「開竅於目，藏精於肝」。〔註89〕而眼睛之所以在人的五官中佔據著先導的位置，與肝在人體中的定位密切相關。在五藏中，肝的重要性僅次於作爲生命整體統攝者的心。它與四季中的春相對，與四方中的東相對，如《內經》云：「肝者，罷極之本，魂之居也，其華在爪，其充在筋，以生血氣。」〔註90〕，由此看，肝在五藏中的先導性、生血功能以及它生發的生命之氣的外射性（「肝氣盛則夢怒」），決定了與之對應的眼睛必然最能傳達人內在的心志。

第四節 形神骨相（二）

一、王充論「命相」與「骨相」

當人的四體、眉睫、眼睛可以充分傳達內在的道德意志和生命精神，人的外觀形式也就擺脫內容具有了獨立存在的價值，對人外部體徵、形象的觀

〔註87〕《論衡・儒增篇》。
〔註88〕《淮南子・精神訓》。
〔註89〕《黃帝內經・素問・金匱真言論》。
〔註90〕《黃帝內經・素問・六節藏象論》。

察也就成了瞭解其秉性、修養的最直觀方式。進而言之，人的秉性、修養、生命意志決定人的現實行為，而現實行為又決定人的福禍命運，所以對人外在形式表象的觀察就必然可以預知他的現實命運。由此，我們瞭解一個人就沒有必要瞭解他的內在生理、心理和精神構成，而只觀察他的外部形象就可以達到直觀的瞭解。這種通過外部形象洞察人內在本質的方法，在哲學上叫做本質直觀，在日常生活中則表現為命相。

　　雖然中國古代的相術歷史悠久，但真正從理論上為這一問題做出解釋的卻是漢代的王充。在王充看來，人的相貌從其出生那一刻起就先在地決定了他的現實命運，講人後天的自我調適和修習沒有任何意義。基於這種看法，王充對人的認識，不再涉及人性的善惡，而開始討論存在於人背後的更具決定意義的力量，即天性。如其所云：「人稟天地之性，懷五常之氣，或仁或義，性術乖也；動作趨翔，或重或輕，性識詭也；面色或白或黑，身形或長或短，至老極死不可變易，天性然也。」〔註91〕比較言之，人性可以改變，如荀子有所謂「化性起偽」之論，但就王充所言的天性而言，卻是不可改變的。如他所講的面色的白黑、身形的長短，這是上天給予的東西。從這個意義上看，王充從討論人性向討論人的天性的變化，在關於人形神問題的認識上，必然會引發一個重大的變化，即人的外部形貌能否得到內在精神的支撐、或者外在形象能否顯現內在生命精神已變得不再重要，重要的是上天給了人什麼樣的形體，以及這個形體如何暗示了上天強加於人的命運。也就是說，王充討論人的形神問題，已由人體自身的內外關係轉換成了上天與人體的關係。由此，形所彰顯的神，也轉換成了形所彰顯的無所逃的命運。

　　事實也是如此。如王充對命的定義：「命謂初生稟得而生也。」〔註92〕同時，人不可改變的天性和命沒有什麼區別，即：「人生受性，則受命也。性命俱出，同時並得；非先稟性，後乃受命也。」〔註93〕那麼，這種不可更移的命和性是如何灌注或生成了人的身體的呢？對此，王充像漢代的其他思想者一樣，談到了作為「體之充」的氣。但是，他所講的氣不是指一般活躍在人身體之內的生命之氣，而是有意志的天在人初生時通過父母施與人的「元氣」。由這種情況可以看到，王充無論講性、命還是氣，都脫不開一個背景，

〔註91〕　《論衡・本性篇》。
〔註92〕　《論衡・初稟篇》。
〔註93〕　《論衡・初稟篇》。

即超越人之外的上天意志對人先在的決定。如他所言:「凡人受命,在父母施氣之時,已得吉凶矣。」〔註94〕進而言之,這種對人具有決定意義的命、性、氣如果表現在形體上,這形體也就必然成了人命運的表徵。如王充云:

> 人曰命難知,命甚易知。知之何用?用之骨體。人命稟於天,則有表候〔見〕於體。察表候以知命,猶察斗斛以知容也。表候者,骨法之謂也。〔註95〕

> 非徒富貴貧賤有骨體也,而操行清濁亦有法理。貴賤貧富,命也;操行清濁,性也。非徒命有骨法,性亦有骨法。〔註96〕

> 人稟元氣於天,各受壽夭之命,以立長短之形。猶陶者用土(埴)為簋廉(廡),冶者用銅為桮杅矣。器形已成,不可小大;人體已定,不可減增。用氣為性,性成命定。體氣與形骸相抱,生死與期節相須。形不可變化,命不可減加。〔註97〕

> 人稟氣於天,氣成而形立;則(形)命相須,以至終死。〔註98〕

> 命在初生,骨表著見。今言隨操行而至,此命在末,不在本也。則富貴貧賤皆在初稟之時,不在長大之後隨操行而至也。〔註99〕

> 文王在母身之中已受命也。王者一受命,內以為性,外以為體。體者,面輔骨法,生而稟之。〔註100〕

在王充看來,人的富貴貧賤、操行清濁作為不可抗拒的命運,從出生的那一刻起,就清晰地鐫刻在了人的形體上,而對人形體的觀察當然也就可以直觀地看到人的福祿壽夭、操行清濁。但這裡必須注意的是,王充在強調人命運的外在顯現時,沒有過多強調它在人體其他部位的表現,而單單強調骨法,即「表候者,骨法之謂也。」究其原因,無非是因為其他的身體組成都會隨著人年齡的變化而變化,而骨骼作為人體本質性的東西則相對恒久堅硬。也就是說,王充是試圖用人體中相對堅硬、恒久的東西來和命運的不可更移相對應。在《論衡》中,他似乎是意識到了會有人對他「形不可變化」

〔註94〕《論衡‧命義篇》。
〔註95〕《論衡‧骨相篇》。
〔註96〕《論衡‧骨相篇》。
〔註97〕《論衡‧無形篇》。
〔註98〕《論衡‧無形篇》。
〔註99〕《論衡‧命義篇》。
〔註100〕《論衡‧初稟篇》。

的觀點提出質疑，所以有了下面的辯論：

> 稟〔氣〕生人，形不可得變，其年安可增？人生至老，身變者，
> 髮與膚也。人少則髮黑，老則髮白，白久則黃。髮之變，形非變也。
> 人少則膚白，老則膚黑，黑久則黯，若有垢矣。……髮〔膚〕變異，
> 故人老壽遲死，骨肉不可變更，壽極則死矣。五行之物，可變改者，
> 唯土也。埏以為馬，變以為人，是謂未入陶竈更火者也。如使成器，
> 入竈更火，牢堅不可復變。今人以為天地所陶冶矣，形已成定，何
> 可復更也？〔註101〕

這種自問自答式的辯論是否有道理，不是本書探討的問題，這裡關鍵要看王充對於人的髮膚之變與形體不變的區隔。從這種區隔可以看到，孟子所講的眸子的「眊」或「瞭」、韓嬰所講的溫良所著的「眉睫」、徐幹所謂的「光輝外著」，包括王充自己所說的「人心惠而目多彩」，都像髮膚一樣是可變的東西。如果說這些東西可以作為人的生命精神、道德意志的象徵，那麼，也就等於說這種不斷變化的生命精神和道德意志不是王充重點考慮的對象。在王充看來，思想、情感等精神性的東西居於人生命的表層，就像髮膚附著在人身體的表面一樣，對人的存在不具有決定意義。只有祛末探本、除華存實，深入到命運和身體的深層，才算抓住了形神問題的根本。他這裡的「形」是指骨相，神是指不可變更之命運。所謂的「以形觀神」則明顯變成了以形體的骨相觀照上天早已為人預置的命運。

二、王符論「骨相」

在東漢，與王充思考了相同問題的是比他晚出生約60年的王符。作為古文經學的代表人物，他反對讖緯迷信，但這並沒有妨礙他研究骨相。如他所言：

> 人身體形貌，皆有相類，骨法角肉，各有分部，以著性命之期，
> 顯貴賤之表。一人之身而五行八卦之氣具焉。……經曰：「近取諸身，
> 遠取諸物。」「聖人有見天下之至賾，而擬諸形容，象其物宜。」此
> 亦賢人之所察，紀往以知來，而著為憲則也。

> 夫骨法為祿相表，氣色為吉凶候。部位為年時□，德行為三者
> 招，天授性命決然。表有顯微，色有濃淡，行有厚薄，命有去就，

〔註101〕《論衡・無形篇》。

是以吉凶期會，祿位成敗，有不必，非聰明慧智，用心精密，孰能
以中？

　　人之有骨法也，猶萬物之有種類，材木之有常宜，巧匠因象，
各有所授。曲者宜為輪，直者宜為輿，檀宜作輻，榆宜作轂。此其
正法通率也。〔註102〕

　　從上三段引文看，王符雖然談骨相，但從立論基礎到涵蓋內容卻與王充
有大不同。首先，王充論骨相，是從他的命運決定論引伸出了骨相決定論，
上天蠻不講理的命運構成了其骨相理論的基礎。王符則將骨相之術視為對聖
賢之士一系列觀人經驗的總結，視為「近取諸身，遠取諸物」的結果。比較
言之，王符的看法明顯更符合歷史經驗的合理性。其次，王充為了使其命運
決定論更直接地與其骨相論對應，將髮膚等一系列標明人外部體徵、容易變
化的東西排除在外，其目的是為了使自己的論證無懈可擊，但正是這種對異
質因素的排除，使其理論表現出絕對主義的偏至。比較而言，王符卻要圓融
得多。他不但講骨法，也講氣色、人體部位和行為，甚至具體到人的體徵的
各個方面。如其所言：「人之相法，或在面部，或在行步，或在聲響。面部欲
溥平潤澤，手足欲深細明直，行步欲安穩覆載，音聲欲溫和中宮。頭面手足，
身形骨節，皆欲相副稱，此其略要也。」〔註103〕從王符對人體各部位體徵提
出的要求看，其實他所描繪的就是一個舉止優雅的儒者。或者說，一個真正
的儒家所追求的內在修養外顯的形象，就是骨相。從這個意義上看，王符與
其說是在講被人先天的骨法決定的形象，還不如說是內在的道德修養外化的
形象。

　　最後，尤為重要的是，王充從命定論講骨法，意味著人一切後天的努力
都毫無意義。但王符卻將這種被動承受命運裁決的骨相論注入了積極因素。
如他所言：「凡相者，能期其所極，不能使之必至。十種之地，膏壤雖肥，弗
耕不獲。千里之馬，骨法雖俱，弗策不至……若此者，天地所不能貴賤，鬼
神所不能貧富也。」那麼，能使人發生富貴貧賤之異的是什麼？顯然不是骨
相預示的命運，而是人的後天努力。這樣，王符所謂的骨相論，至多是骨相
潛質論，而其落腳點則是後天有為論。關於通過後天努力改變命運的必然性，
王符在其《相列》篇的結尾用帶有悲天憫人味道的語氣說：「……然其大要，

〔註102〕《潛夫論・相列》。
〔註103〕《潛夫論・相列》。

骨法爲主。五色之見，王廢有時。智者見祥，修善迎之，其有憂色，循行改尤。愚者反戾，不自省思。雖休徵見相，福轉爲災，於戲君子，可不敬哉！」〔註104〕——智者通過認識命運改變命運，愚者被動承受命運。於此，人的智愚而不是骨相，成爲判明人現世禍福成敗的真正標準。

三、歷史成因及影響

　　縱觀有漢一代從賈誼、《淮南子》到王充、王符對形神骨相問題的討論，可以看到這一問題在漢代哲學和美學中所佔據的重要位置。漢人認爲神凝聚於形、命運才智表於骨象，並進而探討形貌獨立價值的傾向，與這一時代的哲學整體趨於感性的特徵是一致的。同時必須看到，在哲學和美學思想領域，雖然前代也有透過形式可以達到本質直觀的思想萌芽，但在漢代以前的思想史中，人的外在形貌，卻極少被作爲一個具有獨立價值的東西來看待。比如，孔子明顯是重質輕形的。《史記》曾記載他在鄭國與弟子走失，有人告訴子貢：「東門有人，其顙似堯，其項類皋陶，其肩類子產，然自腰以下不及禹三寸。累累若喪家之犬。」孔子欣然笑曰：「形狀，末也。而謂似喪家之犬，然哉！然哉！」〔註105〕再如莊子，他不僅講「德有所長而形有所忘」，〔註106〕而且認爲「美、髯、長、大、壯、麗、勇、敢八者俱過人者，因以是窮」。〔註107〕荀子則更對相人之術進行了專章的批判，如其《非相篇》云：

　　　　相人，古之人無有也，學者不道也。古者有姑布子卿，今之世梁有唐舉，相人之形狀顏色而知其吉凶妖祥，世俗稱之。古之人無有也，學者不道也。故相形不如論心，論心不如擇術。形不勝心，心不勝術。術正而心順之，則形相雖惡而心術善，無害爲君子也。形相雖善而心術惡，無害爲小人也。君子之謂吉，小人之謂凶。故長短小大善惡形相，非吉凶也。古之人無有也，學者不道也。

　　荀子謂相術「古之人無有也」，這可能不確，我們前面曾在《左傳》中找到一些史證。但有一點又是可以肯定的，即：相術在先秦從來沒有成爲嚴肅的思想者關注並肯定的東西（「學者不道也。」）。那麼，這種曾經被視爲不入流的左道旁門爲什麼會引起漢代思想者的廣泛關注呢？我想當與以下原因有

〔註104〕《潛夫論‧相列》。
〔註105〕《史記‧孔子世家》。
〔註106〕《莊子‧德充符》。
〔註107〕《莊子‧列禦寇》。

關：

首先，與孔、莊、荀這些趨於理性的思想家相比，漢初的黃老之學本身就是帶有神秘色彩的原始道家、陰陽家的雜合體。這種思想重道，但更重視可以訴諸現實操作的技。而相術作為一門技術，正是可以從一般的道氣陰陽之論演繹出來的東西。

其次，與嚴肅的思想家重理論的合理性不同，世俗的官員和民間販夫走卒更重視經驗的合理性。其中，官員天天都要與人打交道，知人就顯得十分重要。既然人的內心總是深不可測，他們必然試圖從人的外部體徵發現可以反映其本性的印迹。在民間，沒有文化的草民本身對命運就有一種本能的敬畏，加上相術的神秘色彩，在這一區域也必然會有相當的市場。所以，這種法門，雖然「學者不道也」，但在漢代的民間和官方的政治生活中，仍然有相當大的接受市場。而且，從上面我們關於形神骨相問題的討論也可以看出，這種建立在形式直觀基礎上的相人術，也絕非純粹可歸於妄言。

第三，按照一般的認識原則，人們對生活中可以理解的事物尚能遵循理性的原則，但對超驗的或心存敬畏的對象則遵循想像的邏輯。這種想像的邏輯往往將未知世界杜撰成一種神話性存在，而對那些偉大人物則用強化其相貌的奇異來為他的偉大確立根據。有漢一代，人們相信偉大的聖王必然是有異相的。如司馬遷在《史記》中描述劉邦：「隆準而龍顏，美鬚髯，左股有七十二黑子。」〔註108〕他母親懷孕時有「蛟龍於其上」；孔子則「生而首上圩頂，故因名曰丘云」。〔註109〕史家尚且如此，來自民間的想像則必然體現出更大的自由，如漢人心目中古代聖王的形象：「堯眉八彩，舜目重瞳子，皐陶鳥喙，文王四乳，禹耳三漏，周公背僂，伏羲龍鼻，仲尼反宇，老子日角月懸，鼻有雙柱，手把十文，足蹈二五，此非異於人乎？」〔註110〕這種關於聖王的身體想像，證明他們的事業是奉天承運，他們的身體是上天獨特的賦予。〔註111〕這種因人體的奇異而體現出的與上天的關聯，為王充建立在命運決定論基礎上的骨相理論提供了根據，也必然使漢代官民對命相表現

〔註108〕《史記‧高祖本紀》。

〔註109〕《史記‧孔子世家》。司馬貞《史記索隱》注云：「圩頂，言頂窊也，故孔子頂如反宇。反宇者，名屋宇之反，中低而四方高也。」

〔註110〕牟融：《理惑論》。

〔註111〕此類材料又見《淮南子‧脩務訓》，《春秋繁露‧三代改制質文》，鄭玄《六藝論‧易論》等。

出普遍的信仰。

　　最後，尤其重要的是，漢代大一統中央集權制建立之後，人材的使用是帝國得以長治久安的最重要保證，由此必須建立一套有效的人材選拔制度。這就是所謂的察舉制度。與後世的科舉考試不同，漢代的察舉制度包括兩個方面，即地方州郡的舉薦和國家的徵招。這中間的「察」，是指對士人日常行為的觀察，而這種觀察必然包括形貌。司馬遷曾記漢武帝時的選材標準云：「太常擇民年十八以上，儀狀端正者，補博士弟子。」〔註112〕這明顯是將人的形貌視為選材的重要條件。很顯然，如果當時沒有形神骨相理論作基礎，這種「察舉」就不具有合法性，所謂的選材就很可能變成「選美」。從這個角度看，王充的骨相理論明顯有察舉制度的時代背景，王符的《相列》則儼然是為這一制度提出的指導意見。到了三國時期的魏，這種察舉制進一步發展成為選拔人材的「九品中正制」。其中，劉劭的《人物志》，將人的外在形貌與內在品性、德行進行了一一對應，可算是漢魏「以貌取人」的總結性成果（關於劉劭的《人物志》，詳見本書第五章）。

　　從以上分析不難看出，兩漢及至魏晉的國家政治生活和人物品鑒之風，與漢代哲學的形神骨相理論具有緊密的關係。單從美學角度看，沒有漢代關於人體之氣的討論，便難以產生魏晉的文氣論和六朝「氣韻生動」的畫論；沒有漢代哲學和美學的形神論，便難以出現晉代的「傳神寫照」和「以形寫神」；〔註113〕沒有漢代關於人體的骨相理論，便不會有東漢以後用「骨法」以及「筋、骨、肉」〔註114〕品鑒書藝的書法理論。進而言之，沒有漢代察舉制

〔註112〕《史記・儒林列傳》。

〔註113〕尤須注意的是，在魏晉人物畫理論中，還涉及「以形寫神」何以可能的進一步思考。如「顧長康畫人，或數年不點目精。人問其故，顧曰：四體妍蚩無關妙處，傳神寫照正在阿堵中」；（《世說新語・巧藝》）這種以眼睛為通神之要具，從而使神得以外顯的藝論，顯然離不開從孟子到王充關於「眸子」功能的判斷。

〔註114〕在漢代，首談骨肉者應為《淮南子》。其《覽冥訓》云：「今夫地黃主屬骨，而甘草主生肉之藥也。以其屬骨，責其生肉；以其生肉，論其屬骨，是猶王孫綽之欲倍偏枯之藥，而欲以生殊死之人，亦可謂失論矣。」另外，王充不僅談骨體、骨法，也談骨肉。如《論衡・訂鬼篇》云：「夫人所以生者，陰陽氣也。陰氣主為骨肉，陽氣主為精神。人之生也，陰陽氣具，故骨肉堅，精氣盛。精氣為知，骨肉為強，故精神言談，形體固守。骨肉精神，合錯相持，故能常見而不滅亡也。太陽之氣，盛而無陰，故徒能為象，不能為形。無骨肉有精氣，故一見恍惚，輒覆滅亡也。」在此，王充明顯是將骨肉作為精神的寄託。從無骨肉，精神便因無所寄「輒覆滅亡」的角度看，形體骨肉的價

度對人形貌的重視，所謂的魏晉風度便失去了歷史依據。同時，沒有漢代關於可以通過形貌達到對人本質直觀的理論，所謂的魏晉士人的人物品藻也就失去了真正的哲學涵蘊。過去，治魏晉美學，往往過於重視時代性因素對審美和藝術的影響，〔註115〕殊不知歷史因素卻發揮著更加穩健而堅定的促動作用。西方有諺語云：「你以為你在游泳，殊不知是一股暗流在推你前行。」對於魏晉美學而言，這股沉默的暗流就是漢代哲學，或者更具體地說，就是漢代哲學和美學對於人體的思考。

第五節　活身、治身與修身

一、身體本位主義

研究漢代哲學和美學中的身體，其核心問題有二：一是身體何是，二是身體何為。前者涉及人對身體內在構成的認識，後者涉及人如何解決身體面對的問題。關於第一點，前文已有詳論。就第二點而言，漢代哲學一方面是中國先秦哲學提出的一系列問題的展開，另一方面也表現出自身的鮮明特點。比如，先秦時期，諸子思想以相互的駁難和競爭為背景，這一方面磨利了思想，另一方面也使他們在如何面對身體問題時出現觀點的對立。但在漢代，由於其思想奠基時期的黃老之學本身就是一種思想的雜合形式，加上後來的儒家為追求思想的一統而大量借鑒黃老的思想資源，這就使他們更容易跨越學派的偏見，提出相對統一的解決方案。同時，漢代中央集權制的建立，使任何思想都不免表現出更強烈的實用主義。這種實用，一方面使思想的思辨色彩下降，另一方面在關於「身體何為」的問題上，所提出的方案也更為具體。

治漢代哲學和美學，其思想的煩雜人所共見，但在身體的護持和改造上，我們依然可以提煉出三個核心問題，即：活身，治身和修身。「活身」這一概

值甚至大於精神的價值。

〔註115〕　近 20 年來，凡治魏晉美學者，必將宗白華《論〈世說新語〉和晉人的美》中開篇的一段話奉為金科玉律。即：「漢末魏晉六朝是中國政治上最混亂、社會上最痛苦的時代，然而卻是精神史上極自由、極解放、極富於智慧、最濃於熱情的一個時代，因此也就是最富有藝術精神的一個時代。」由這句話導出的一種理論傾向，就是單從當時社會政治層面為魏晉美學和藝術精神的發生尋找原因。而其歷史發生則長期不被討論。這種由對既有成果的依賴而導致的理論惰性，是讓人殊感遺憾的。

念西漢後期才由揚雄提出，而且對它作了儒家化的引申，〔註116〕但它卻在最本質層面申明了整個漢代哲學的身體本位主義觀念，即：身體的存在是一切問題的前提。以此爲基點，漢代自立朝之始，珍視身體即成爲其哲學的重要觀念。如漢初思想家陸賈在其《新語》中，對當時逐末棄本的世俗價值進行了尖銳的批評，提出「聖人不用珠玉而寶其身」。〔註117〕寶身的前提就是要放棄不必要的奢華，重視農業生產。進而言之，人以身爲寶，也就意味著身體不受傷害是人最基本的心理欲求。只有在這一背景下，我們才能理解爲什麼文、景時期的除肉刑、減笞刑，會作爲重大事件被司馬遷、班固反覆提及；也才能理解司馬遷爲什麼對自己所受的宮刑會如此痛心疾首。〔註118〕

　　活身即身體的有效存活，而身體存活的顯在標誌就是各種器官的保全。基於此，漢代哲學極端重視全身，如《淮南子・原道訓》云：

　　　　天下之要，不在於彼而在於我，不在於人而在於我身；身得則萬物備矣……夫天下亦吾有也；吾亦天下有也。天下之於我，豈有間哉？夫有天下者，豈必攝權恃勢，操殺生之柄，而以行其號令邪？吾所謂有天下者，非謂此也。自得而已。自得，則天下亦得吾矣。吾與天下相得，則常相有己，又焉有不得容其間者乎？所謂自得者，全其身者也。全其身，則與道爲一矣。

　　在這段話中，《淮南子》以「全身」解「自得」，明顯是將人對自己身體的全面擁有作爲存在的根本要務，甚至將得天下的重要性讓位於得身的重要性。但反而言之，由於人體本身就是天地自然之氣的聚合，所以擁有自我也即擁有天下，保全自我也即保全自然天道。《淮南子》云：「故所理者（天下）遠，則所在者（身）邇；所治者大，則所守者小。」正是將對自身的守護視爲治理天下的前提，甚至全部。

　　但是，如果我們僅僅把全身理解爲各種人體器官的有效保存，將活身理解爲人的生理性生命的有效延續，就極易使人將漢代的身體哲學視爲一種狄奧根尼式的犬儒主義。事實並非如此。前面曾經講過，漢代哲學和美學中的身體，是形神志氣等諸種要素的有機復合形式，它既是生理的又是心理、思

〔註116〕《法言・問明卷》：「或問『活身』。曰：『明哲。』或曰：『童蒙則活，何乃明哲乎？』曰：『君子所貴，亦越用明保愼其身也。如庸行翳路，衝衝而活，君子不貴也。』」
〔註117〕《新語・術事》。
〔註118〕參見司馬遷：《報任安書》。

想和精神的。由此，全身，除生理性的身體的保全之外，也包括心理、思想、精神的完滿和健全；活身，除生理性身體的存活外，也包括其承載的諸種精神力量的正常運用。比如揚雄云：「庸行翳路，衝衝而活，君子不貴也。」〔註 119〕正是對這種可能出現的偏見的糾正。《淮南子》云：「夫全性保眞，不虧其身。」〔註 120〕則明顯是將全性視爲全身的重要組成部分，將人性的殘缺作爲身體殘缺的重要體現。由此可以看到，漢代哲學的「活身」或「全身」，既非完全的生物主義，又非完全的精神主義。身體是物理性的身體與精神的組合，全身和活身當然也就是肉體與精神的兩全或兩活。這種身體整體觀既不高雅也不低俗，它只是描述了一個事實，即：身心靈肉雖然可以因爲理論分析的便利分爲二，但事實上卻永遠是一個須臾不可分離的有機整體。

即便如此，這種由漢初黃老之學奠定，並得到陸賈、揚雄等儒家知識分子認同的活身和全身觀念，在面對現實時依然面臨挑戰。這是因爲，雖然漢代的身體整體觀使身體的守護避免陷入純粹的生物主義，但它仍然是利己主義的，與士人追求社會承擔的價值取向存在矛盾。這種矛盾在漢代集中體現於如何處理身、親、君，即愛身、孝親、忠君三者的關係上。按照韓嬰在《韓詩外傳》中表達的觀點，漢代士人處理這一矛盾的方式應該是親重於身，而身重於君。如其以曾子爲例云：

曾子仕於莒，得粟三秉。方是之時，曾子重其祿而輕其身。親沒之後，齊迎以相，楚迎以令尹，晉迎以上卿。方是之時，曾子重其身而輕其祿。懷其寶而迷其國者，不可與語仁。〔註 121〕

這種觀點，在中國王權至上的背景下，明顯不失爲一種理智的聲音。在韓嬰看來，國家之於士人的意義，似乎只是付出勞動獲取報酬，沒有什麼捨身報主的義務在。這種觀點的出現大概與漢初國家觀念還沒有完全確立有關，但從歷史文獻看，及至西漢中後期，國家的重要性也沒有壓倒保全身體的重要性。如劉向在《說苑》中，將「尊君全身」、「安國全性」並置，認爲「存亡禍福，其要在身……不誠不思，而以存身全國者，亦難也」。〔註 122〕

那麼，面對存身與忠君的矛盾，士人應該如何自置呢？劉向云：

〔註 119〕《法言・問明卷》。
〔註 120〕《淮南子・覽冥訓》。
〔註 121〕《韓詩外傳》卷一。
〔註 122〕《說苑・敬愼篇》。

《易》曰：王臣蹇蹇，匪躬之故。人臣之所以蹇蹇爲難而諫其
君者，非爲身也，將欲以匡君之過，矯君之失也。君有過失者，危
亡之萌也。見君之過失而不諫，是輕君之危亡也。夫輕君之危亡，
忠臣不忍爲也。三諫而不用，則去。不去則身亡。身亡者，仁人所
不忍爲也。〔註123〕

劉向的這種看法，極易使人想起《中庸》的類似言論。《中庸》云：「國
有道，其言足以興；國無道，其默足以容。詩曰：『既明且哲，以保其身。』」
〔註124〕顯然，在這裡，保身與忠君雖然存在矛盾，但護持生命依然比後者更
佔據價值核心的地位。至於爲什麼會做出這種選擇，劉向認爲，對於昏暴之
君，明知不可爲而爲，不但殺身無益，而且會以自己的死證明國君的殘暴，
使其在後世留下惡名。如其所言：

盡忠憂君，危身安國，其功一也。或以封侯而不絕，或以賜死
而被刑，所慕所由異也。故箕子棄國而佯狂，范蠡去越而易名，智
過去君弟而更姓，皆見遠識微，而仁能去富勢，以避萌生之禍者也。
夫暴亂之君，孰能離縶以役其身，而與於患乎哉。故賢者非畏死避
害而已也，爲殺身無益，而明主之暴也。比干死紂而不能正其行，
子胥死吳而不能存其國。二子強諫而死，適足明主之暴也。〔註125〕

這裡值得注意的是劉向對「仁」的理解。「仁能去富勢，以避萌生之禍者
也」，加上上段所講「身亡者，仁人所不忍爲也」，說明漢儒所理解的仁，不
僅是「愛人」，而且包括自愛自珍。這種自我珍愛的「仁」外發爲一種保護自
己身體不受傷害的智慧，即：「既明且哲，以保其身」。

揚雄說過：「老子之言道德，我有取焉耳。」〔註126〕「問曰：『莊周有
取乎？』曰：『少欲。』」〔註127〕從漢代文獻看，從陸賈、賈誼及至於董仲
舒、揚雄、劉向，無一不受道家的薰染。這種影響不僅表現在爲儒家補形而
上學方面，也表現在身體護持方面。對身體的重視爲儒家積極用世的哲學平
添了一種利己主義的東西，使其剛猛勇健之氣受到了削弱。但這種調整也使
儒家更近於人之常情。莊子曾批評他那一時代的儒者「明乎禮而陋於知人

〔註123〕《說苑・正諫篇》。
〔註124〕《中庸》第 27 章。
〔註125〕《說苑・雜言篇》。
〔註126〕《法言・問道卷》。
〔註127〕《法言・問道卷》。

心」，〔註128〕但儒家經產生於秦漢之際的《中庸》，身段已變得柔軟，生發出了一種既用世又自愛的新型人本主義。

二、《淮南子》論治身：養神與養形

但是，儒與道在活身和全身方面的接近，並不意味著他們在處理人與社會關係上也同樣失去了區別。一般而言，漢代黃老道家繼承了老子的無爲思想，認爲無爲而無不爲，無爲而天下治。相反，儒家雖然主張在「有所爲有所不爲」之間劃一個界限，但其整體思想仍偏於有爲。儒道這種基本價值取向的區別，決定了他們將對身體提出不同的要求。也就是說，黃老道家對社會責任的放棄，使其更專注於對自己身體的調適，這種調適的目的是使身體的內在狀況合於自然之道。儒家要有所作爲，則必須要求內在意志和外在行爲符合群體共處的原則。這樣，以社會性的道德原則約束自己的身體、規範自己的行爲，就成爲其哲學的主要任務。道與儒圍繞身體形成的這種區別，可概括爲「內治」和「外修」的區別。前者就是漢代黃老之學所言的治身，後者則是儒家的修身。下面以《淮南子》爲例，首先看漢代的治身：

在漢代黃老之學中，《淮南子》將人的身體之治分爲兩個方面，即：「治身，太上養神，其次養形。」〔註129〕按照《淮南子》的身體觀，神是「生之使」、「形之制」、「心之寶」，所以養神是治身的最重要手段。在對人構成威脅的諸種內在因素中，最大的威脅來自感性欲望的放縱——「耳目淫於聲色之樂，則五藏搖動而不定矣；五藏搖動而不定，則血氣滔蕩而不休矣；血氣滔蕩而不休，則精神馳騁於外而不守矣；精神馳騁於外而不守，則禍福之至，雖如丘山，無由識之矣。」在這種背景下，爲了保證精神不外淫，養神的首要任務就是節欲——「省事之本，在於節欲」，〔註130〕甚至爲了防止內在精氣的外泄應該關閉人面向外部世界的感官，這是因爲「五色亂目，使目不明；五聲嘩耳，使耳不聰；五味亂口，使口爽傷；趣舍滑心，使行飛揚。此四者，天下之所養性也，然皆人累也。故曰：嗜欲者，使人之氣越；而好憎者，使人之心勞；弗疾去，則志氣日耗。」〔註131〕通過這種節欲的手段，人不僅防止了神的飛揚和氣的散失，使人因氣盛而精神，而且避免了因神氣的外泄而

〔註128〕《莊子・田子方》。
〔註129〕《淮南子・泰族訓》。
〔註130〕《淮南子・詮言訓》。
〔註131〕《淮南子・精神訓》。

導致形體的損傷。

當人節制了嗜欲，內宇宙就處於虛寂狀態。由於虛寂正是天地之道的本相，所以這種狀態就是與道爲一的狀態。按照《淮南子》的看法，一個人按照道的原則達到內在的虛寂，即「神無所掩，心無所載，通洞條達，恬漠無事，無所凝滯」，那麼就會「勢利不能誘也，辯者不能說也，聲色不能淫也，美者不能濫也，智者不能動也，勇者不能恐也。」〔註132〕進而言之，如果人能夠克服這六種對人既有誘惑又造成威脅的東西，那麼，那他就與自然之道實現了契合，進而甚至可以像傳說中的眞人那樣生活，即：「陶冶萬物，與造化者爲人，天地之間，宇宙之內，莫能夭遏。夫化生者不死，而化物者不化。神經於驪山、太行而不能難，入於四海九江而不能濡，處小隘而不塞，橫局天地之間而不窕。」〔註133〕從這種狀況看，道家的養神，首先要做的不是對內宇宙的充實，而是對內心各種欲望衝動的清理，這種清理可以使人成爲神的化身，像莊子的「藐姑射山之神人」一樣，「乘雲氣，御飛龍，而遊乎四海之外」。〔註134〕顯然，如果養神能達到這樣一種超越肉身局限性的狀態，必然是道家最高的理想，也是黃老道家向道教變化的一個預兆。

但是，人畢竟是現實中的肉體凡胎。對於大多數人而言，養神的結果不可能是登天遊霧，而只可能是在現實中獲得一種符合道家理想的存在狀態。按照《淮南子》的邏輯：「虛者，道之舍也。」只有內在的虛寂才能使道來舍，而道的具體形式即爲天地自然之氣，所以，所謂的虛寂並不是自我取消，而是爲氣對人體的盈灌做準備。從這個角度講，人保持體內的靜漠恬淡、和悅虛無的狀態，首先是養氣。由於這種自然之氣必然受到神的統攝，所以養氣也就是養神。至此就可以看到，《淮南子》所言的養神，就是讓人完成一個身體的轉換過程，即從被各種感性欲望充塞驅使的狀態，轉化爲被天地陰陽之氣充盈的狀態；也即從一個被欲望主使的身體，變爲一個作爲道的化身的身體。

《淮南子》云：「夫精神者，所受於天也；而形體者，所稟於地也。」從這種區分看，養神與天相聯，如內宇宙的虛寂，體氣的充盈，都是按照自然天道的要求頤養人的內在精神。形體來自於大地，也即意味著大地提供的一

〔註132〕《淮南子‧俶眞訓》。
〔註133〕《淮南子‧俶眞訓》。
〔註134〕《莊子‧逍遙遊》。

切資源，以及人對這些資源的技術化利用，都應屬於養形之列。在養形方面，《淮南子》首先涉及的是飲食與藥物服食問題。

中國醫學以道家身體哲學為理論基礎，這是不爭的事實。就服食與養生的關係而言，人們一般認為，這種關係到漢末道教出現以後方廣為人注意，但從《淮南子》看，其理論和實踐明顯早已經出現。〔註135〕比如《淮南子‧泰族訓》云：「肥肌膚，充腸腹，供嗜欲，養生之末也。」幾乎同時，深受道家影響的董仲舒講的更詳細，甚至將陰陽五行套入其四季的食譜中。如其所言：

> 飲食臭味，每至一時，亦有所勝，有所不勝，之理不可不察也。四時不同氣，氣各有所宜，宜之所在，其物代美。視代美而養之，同時美者雜食之，是皆其所宜也。故薺以冬美，而荼以夏成，此可以冬夏之所宜服也。……春秋雜物其和，而冬夏代服其宜，則當其天地之美，四時和矣。〔註136〕

按照《淮南子》的說法，不管人如何講究飲食之道，都是養生之末，這也就意味著必有其他更好的選擇在，比如辟穀和食氣。從漢代文獻看，《淮南子》已注意到食氣養生的問題。如《墜形訓》云：「食氣者神明而壽，時屈時伸。」《泰族訓》云：「夫道，有形者皆生焉，其為親亦戚矣；享穀食氣者皆受焉，其為君亦惠矣。」「王喬、赤松。去塵埃之間，離群慝之紛，吸陰陽之和，食天地之精，呼而出故，吸而入新，踱虛輕舉，乘雲遊霧，可謂養性矣。」《精神訓》則提到食氣的基本方略及與養形的關係，即：「是故真人之所遊，若吹呴呼吸，吐故納新，熊經鳥伸，鳧浴猿躩，鴟視虎顧，是養形之人也，不以滑心。」〔註137〕東漢時期，王充也曾經講道：「真人食氣，以氣而為食，

〔註135〕《莊子‧刻意》云：「吹呴呼吸，吐故納新，……彭祖壽考者之所好也。」如果《刻意》為莊子所作，那麼這種食氣的傳統將可追溯得更早。

〔註136〕《春秋繁露‧循天之道》。除服食外，董子談治身甚至涉及到房事問題。如《循天之道》云：「君子治身，不敢違天。是故新牡十日而一遊於房，中年者倍新牡，始衰者倍中年，中衰者倍始衰，大衰者以月當新牡之日，而上與天地同節也。」

〔註137〕在道家或道教中，食氣與辟穀是同一個問題，因為以氣為食即不以五穀為食。另外，《淮南子》講「熊經鳥伸」，則明顯涉及導引。從桓譚《新論‧祛蔽》看，導引之術在漢文帝時已經出現。如其中云：「文帝時，得魏文侯時樂人竇公，年百八十歲，兩目皆盲，文帝奇而問之曰：『何因？能服食而至此乎？』對曰：『臣年十三失明，父母哀其不及眾技事，教臣為樂，使鼓琴，日講習以為常事。臣不能導引，無所服餌也。不知壽得何力。』」

故傳曰：食氣者壽而不死，雖不穀飽，亦以氣盈。」「食氣者必謂吹呴呼吸，吐故納新也。昔有彭祖行之矣，不能久壽，病而死矣。」〔註138〕在此，王充雖然對食氣持懷疑和批判態度，但他的批判卻從反面證明了這種養形方式在當時的流行。

另外，關於藥物服食，《淮南子》沒有明講。但從《淮南子》文本中仍不難看出作者對藥物和藥理有深入研究。比如其中講道：「天雄烏喙，藥之凶毒也，良醫以活人」，〔註139〕「夫梣木色青翳，而蠃愈蝸睆，此皆治目之藥也。」〔註140〕「今夫地黃主屬骨，而甘草主生肉之藥也，以其屬骨，責其生肉，以其生肉，論其屬肉，是猶王孫綽之欲倍偏枯之藥，而欲生殊死之人，亦可謂失論矣。」〔註141〕藥物對中國古代道家人物而言，有兩種作用，一是治病，二是養生。《淮南子》偏重講治病，但《淮南子》之後，養生的作用明顯被凸現，甚至已出現了借服藥獲得神仙體驗的問題。如王充云：「道家或以服食藥物，輕身益氣，延年度世。」〔註142〕在此，王充雖然沒有進一步講服食藥物可以使人如仙人在天上飛，至於不生不死的仙境，但距道教追慕的理想也僅只一步之遙了。

在治身問題上，《淮南子》以養身為先，以養形為次，但兩者並不可能截然分開。〔註143〕所謂的養神本身就必然會養形，而養形也必然對養神起反向的促動。比如服食，它可以實現對人形體的改造，如健康輕身，但這種體況明顯來自藥物和吹呴呼吸對身體內在生理和精神狀況的調節。從這種情況看，《淮南子》所謂的治身，是形神互養、互滲、互進的關係，而不是可以截然二分的關係。另外，《淮南子》中也講了許多生活中的因素會造成形體的損傷，如：

> 夫任耳目以聽視者，勞形而不明；以知慮為治者，苦心而無功。
>
> 〔註144〕

〔註138〕《論衡·道虛篇》。

〔註139〕《淮南子·繆稱訓》。

〔註140〕《淮南子·俶真訓》。

〔註141〕《淮南子·覽冥訓》。

〔註142〕《論衡·道虛篇》。

〔註143〕《淮南子·泰族訓》云：「聾者，耳形具而無能聞也；盲者，目形存而無能見也。」之所以有耳目之形體而不能聞見，顯然因為它們是離神而存的空洞形式。

〔註144〕《淮南子·原道訓》。

　　悲喜轉而相生，精神亂營，不得須臾平。察其所以，不得其形，
而日以傷生，失其得者也。〔註145〕

　　窮僻之鄉，側溪谷之間，隱於榛薄之中，環堵之室，茨之以生
茅，蓬戶甕牖，揉桑爲樞，上漏下濕，潤浸北房，雪霜滾瀝，浸潭
苽蔣，逍遙於廣澤之中，而仿洋於山峽之旁，此齊民之所爲形植黎
黑，憂悲而不得志也。〔註146〕

　　形傷於寒暑燥濕之虐者。〔註147〕

　　故心者，形之主也；而神者，心之寶也。形勞而不休則蹶。
〔註148〕

　　也就是說，耳目的放縱、精神的紊亂、惡劣的生存環境、過度的操勞都
會給人的體形帶來負面影響，但很顯然，這種影響首先是造成了人內在精神
的損傷，然後才會在形體上有表現，也即傷精神必然傷形骸。這也證明養神
和養形在理論上可以區分，但事實上卻是一個問題。關於兩者的關係，兩漢
之際的思想家桓譚曾作過精彩的論述：

　　精神居形體，猶火之燃燭矣。如善扶持，隨火而側之，可毋滅
而竟燭。燭無，火亦不能獨行於虛空，又不能後然其。猶人之耆老，
齒墮髮白，肌肉枯臘，而精神弗爲之能潤澤內外周遍，則氣索面則
死，如火燭之俱盡矣。人之遭邪傷病，而不遇供養良醫者，或強死，
死則肌肉筋骨，常若火之頃刺風而不獲救護，亦道滅，則膚餘干長
焉。余嘗夜坐飲內中，然麻燭，燭半壓欲火，即自曰敕視，見其皮
有剝，乃扶持轉側，火遂度而復。則維人身，或有虧剝，劇能養慎
善持，亦可以得度。〔註149〕

　　桓譚以燭與火的關係比喻形與神。正常狀態下，一個完整的生命應該是
蠟燭燃盡而燭火熄滅（「火燭之俱盡」），但由於人在世界上遭際各種苦難，則
往往形體尚存，卻因爲神衰而過早夭亡。在這種背景下，不但守神是重要的，
而且對形體「養慎善持」，也是保證生命精神（「火」）不滅的重要條件。從這
種觀點看，養形即養神，形神共養即治身，「心與神處，形與性調，靜而體德，

[註145]《淮南子·原道訓》。
[註146]《淮南子·原道訓》。
[註147]《淮南子·原道訓》。
[註148]《淮南子·精神訓》。
[註149]《新論·袪蔽》。

德而理通」〔註 150〕即治身的最高境界。

　　從以上分析看，漢代以道家爲主體，兼及儒家所言的治身，其關注領域在人的身體內部。是以生理調適爲起點，進而實現心理健康及身體向超越境界的擢升。就節欲而言，它用的是減法，即讓人通過對感性欲望的袪除回歸自然本性；就服食而言，它用的是加法，即通過一些輔助手段使身體實現形與神的高度契合。但不管是加還是減，其基本點是一致的，即治身是對人的身體本身的關切，而不是對各種社會責任或倫理義務的承擔。比較言之，漢代儒家由於受道家的影響，有時也講治身或身體的守護問題，但雙方對人的定位卻有本質的差異，即前者將人視爲自然人，後者將人視爲社會人。由此，道家對人的關注集中於人的自然本性，儒家對人的關注則集中於人的倫理屬性。以此爲基礎，當儒家士人將倫理屬性視爲人的本性時，他也講治身，但它治的是道德之身。同時，在更多情況下，人們更傾向於認爲，倫理道德是人應該遵守的外在社會法則。以這種外在的社會要求規範人的行爲、改造人的精神，明顯不是讓人回到身體本身，而是讓人更好地承擔社會責任。從這個角度看，儒家對身體的道德改造就不是一個「內治」的問題，而是一個「外修」的問題。這也是漢代道家講治身，而儒家整體上傾向於講修身的原因所在。

三、漢儒的「修身」及審美意義

　　瞭解道家的治身與儒家修身的區別，必須瞭解戰國中期以後儒道兩家思想向人的身體的聚集。孔子說過：「苟正其身矣，於從政乎何有？不能正其身，如正人何？」〔註 151〕但從《論語》看，身體在一切問題中的優先位置並沒有被孔子有意識地凸現出來。到了孟子，情況則變得不同。孟子說過：「人恆有言，皆曰天下國家。天下之本在國，國之本在家，家之本在身。」〔註 152〕明顯是把解決身體問題擺在了解決一切社會問題的首位。在荀子那裡，這種思想得到了進一步的強化。如荀子專門寫過修身的文章，以此作爲治國之本。如其所言：「請問爲國？曰：聞修身，未嘗聞爲國也。」〔註 153〕幾乎同一時期，《呂氏春秋》記載了楊朱一派的道家詹何與楚王的對話：

〔註 150〕《淮南子・本經訓》。
〔註 151〕《論語・子路》。
〔註 152〕《孟子・離婁上》。
〔註 153〕《荀子・君道》。

楚王問爲國於詹子。詹子對曰：「何聞爲身，不聞爲國。」詹子
豈以國可無爲哉？以爲爲國之本在於爲身，身爲而國爲，家爲而國
爲，國爲而天下爲。故曰以身爲家，以家爲國，以國爲天下。此四
者，異位同本。〔註154〕

至此，很容易給人一種印象，即在戰國末期，儒與道在身體問題上有合
流的趨向。毋庸諱言，儒與道對身體的關注是一致的，但在如何處理身體與
社會的關係上卻有根本區別。道家從老子到《淮南子》均以身體爲本，他們
的「身爲而國爲」，其實是專注治身，而對天下無爲，或者認爲無爲而天下爲。
儒家的以身爲天下之本，是講人首先要完成自身的道德改造，然後才可能更
好地盡社會責任。比較言之，道家因關注身體而對社會採取放任的態度，儒
家則以自我完善爲前提追求更好地有爲於天下，這是儒與道的根本區別，也
是儒家講修身的目的。關於這一問題，徐復觀曾講：「儒家以修身爲治國平天
下之本，這是合理的。老莊由貴身而清靜無爲，即可使天下隆於三代，這便
是帶有一廂情願的神秘思想。這種神秘思想爲《淮南子》中的道家所繼承。」
〔註155〕

儒家以個人道德修養的促進作爲社會問題的解決途徑，這必然意味著它
所謂的修身是修倫理之身。漢代儒家對修身問題的討論，集中體現於《禮記》
中的《大學》和《中庸》兩章。《禮記》由東漢經學家鄭玄編定，其中《大
學》、《中庸》兩章的作者已不可詳考，按照任繼愈的看法，「它們和《禮記》
中的其他各篇著作一樣，其時代特徵是比較鮮明的，都屬於西漢初年的作
品。」〔註156〕

《大學》提出：「自天子以至於庶人，壹是皆以修身之本。」那麼，漢代
儒家的修身包括哪些內容呢？現將《大學》、《中庸》中的相關論述摘錄於下：

欲修其身者先正其心。欲正其心者先誠其意，欲誠其意者先致
其知。致知在格物，物格而後知至，知至而後意誠，意誠而後心正，
心正而後身修，身修而後家齊，家齊而後國治，國治而後天下平。
所謂修身在正其心者：身有所忿懥，則不得其正；有所恐懼，

〔註154〕《呂氏春秋·執一》。
〔註155〕徐復觀：《兩漢思想史》第二卷，華東師範大學出版社 2001 年版，第 137 頁，
　　　　第 138 頁。
〔註156〕任繼愈：《中國哲學發展史》（秦漢），人民出版社 1998 年版，第 219 頁。

則不得其正；有所好樂，則不得其正；有所憂患，則不得其正。此謂修身在正其心。7

故爲道在人，取人以身。修身以道，修道以仁。

故君子，不可以不修身。思修身，不可以不事親。思事親，不可以不知人。思知人，不可以不知天。

仁、知、勇三者，天下之達德也。所以行之者一也。

修身，則道立。尊賢，則不惑。親親，則諸父昆弟不怨。敬大臣，則不眩。體群臣，則士之報體重。子庶民，則百姓勸。來百工，則財用足。柔遠人，則四方歸之。懷諸侯，則天下畏之。

齊明盛服，非禮不動，所以修身也。

身有道，不明乎善，不誠乎身矣。

誠者，天之道也。誠之者，人之道也。誠者，不勉而中，不思而得，從容中道，聖人也。誠之者，擇善而固執之者也。

唯天下至誠爲能盡其性。能盡其性，則能盡人之性。能盡人之性，則能盡物之性。能盡物之性，則可以贊天地之化育。可以贊天地之化育，則可以與天地參矣。

自誠明謂之性，自明誠謂之教。誠則明矣，明則誠矣。

從上面所引的論述可以看到，漢儒的修身本質上就是修德性。要修德性，首先就要正心，而心的正邪則決定於心是否誠。由此看，誠身也就成了修身的最核心問題。孔子說：「今之孝者，是謂能養。至於犬馬，皆能有養。不敬，何以別乎？」〔註157〕正是說眞誠的孝心是決定是否孝敬父母的關鍵。但是，有了這種眞誠並不等於德性的圓滿，因爲人可以眞誠地爲善，也可以眞誠地爲惡。正是在這種背景下，《大學》云：「誠之者，擇善固執之矣。」進而言之，這種眞誠之善表現在哪些方面呢？《大學》認爲，它在人性上表現爲仁、知、勇三種品質，在事務上表現爲事親、知人、知天三種任務，在行爲上則是「齊明盛服，非禮不動」。由此看，漢代儒家爲了使先秦儒家建立的道德基礎更穩固，它是首先以誠來確立儒家道德倫理的合法性，然後向人的現實表現一步步擴展。這裡的修身，是心性、行爲、禮容的多重要求，而這多重要

〔註157〕《論語・爲政》。

求共同造就了儒家君子或聖王的形象。

　　漢代經學，除了貫常的古、今文分法之外，明顯也可以分爲官學和私學。如董仲舒，他的理論是爲政權建設提供思想框架的，所以談個人修養的地方很少，有時即便談及也有強烈的經世致用目的。所謂私學，則多涉及一般知識分子個人立身行事的問題。雖然缺乏董子宏大敘事的魅力，但卻對形成一種完美的道德人格具有重要意義。後者，被後人稱爲正統儒家，它在漢代的代表人物是揚雄。在《法言》中，揚雄曾經立專章談修身問題，其中有許多值得重視的新見解。茲錄於下：

　　首先，揚雄談修身，以其對人性的基本判斷爲基礎。他說：「人之性也，善惡混。修其善則爲善人，修其惡則爲惡人。」以善惡混來爲人立性，這是對先秦孟荀相對立的性善、性惡論的超越或者說是取其中道的看法。孟子言性善，所以他說性有四端，人修身的任務就是如何葆有天然的善性不被損害污染；荀子言性惡，所以他的修身就需要「勸學」，需要後天的禮樂去對人「化性起僞」。比較言之，揚雄言善惡混，其實也就是在人性的開端處爲人提示了三條道路，一爲獸道，二爲人道，三爲聖道。他說：「天下有三門：由於情慾，入自禽門；由於禮義，入自人門；由於獨智，入自聖門。」在這三重「門」中，第一種是講本性之惡會將人導入禽獸之列；第二種是講善性惡性相混的常人，必須通過禮義的修習和約束才能離惡趨善，成爲一個符合起碼道德要求的一般人；第三種則是天然具有善性，或者對善有天然的領悟能力，所以可以不學而至，不修而達。這種具有「獨智」的人不是一般善惡混的人，所以可以入於聖門。從揚雄對人性的認識和他對人至善至惡的道路的設定可以看出，他不僅是在談修身的重要性，更重要的是講了人爲什麼要修身，以及不同的人在修身時面臨的不同問題。

　　其次，尚智是揚雄談修身的重要特色。在仁、義、禮、智、信等人的諸種品性中，對智的重視是漢代哲學的重要特點。如司馬遷就用智爲修身定位，即「修身者智之府也」，但漢代對智談的最多的仍當推揚雄。如其所言：

　　　　或問：「人何尚？」曰：「尚智。」曰：「多以智殺身者，何其尚？」
　　　曰：「昔乎，皋陶以其智爲帝謨，殺身者遠矣；箕子以其智爲武王陳
　　　洪範，殺身者遠矣。」〔註158〕

　　　　或問：「呂不韋其智乎，以人易貨？」曰：「誰謂不韋智者與？

───────────────
〔註158〕《法言・問明卷》。

以國易宗。」〔註159〕

　　或問：「屈原智乎？」曰：「如玉如瑩，爰變丹青。如其智！如其智！」〔註160〕

　　或問「仁、義、禮、智、信之用」。曰：「仁，宅也。義，路也。禮，服也。智，燭也。信，符也。」〔註161〕

　　智者，知也。〔註162〕

　　那麼，什麼是智？從上面引言看，揚雄對智的理解應該分爲兩個方面：一是爲天下，一是爲人生。就前者而言，沒有超人之智，便不可能像箕子一樣究天人際，便不可能像皋陶氏一樣成就大業。就後者而言，沒有人生之智，不知進退之理，極易像呂不韋那樣落得悲慘下場。關於屈原，雖然揚雄讚揚他「如玉如瑩」，但對他不知與時進退並不讚賞。所謂「如其智，如其智」明顯是用的反語，即所謂「君子得時則大行，不得時則龍蛇，遇不遇命也，何必湛身哉！」〔註163〕同時，揚雄身處王莽專權之時，對當時殺機四伏的政治生態有很深的體認，這也使他將守身作爲修身的重要內容。如其所言：「攫拿者亡，默默者存；位極者宗危，自守者身全。是故知玄知默，守道之極。」〔註164〕由此看來，揚雄說「智，燭也」，一方面是講經世致用之知，另一方面是講濁世求存的人生之智。這後一種智慧雖然趨於消極，但與孔夫子「用之則行，舍之則藏」的教誨是一致的。

　　第三，儒家自孔子以來，皆強調學的重要性，但揚雄的言論仍值得注意。如其所言：「人而不學，雖無憂，如禽何？」〔註165〕荀子也曾講過：「故學數有終，若其義，則不可須臾舍也。爲之，仁也；舍之，禽獸也。」比較言之，揚雄是以普遍性的求知作爲禽獸之辨的根據，荀子則單獨強調其中的「義」。兩者的區別在於，前者強調知識對人的整體改造，後者強調其中具有決定意義的要素。關於這種整體改變，揚雄有兩段話說的很形象：

　　螟蛉之子殪而逢，蜾蠃祝之曰：「類我，類我。」久而肖之矣。

〔註159〕《法言・淵騫卷》。
〔註160〕《法言・吾子卷》。
〔註161〕《法言・修身卷》。
〔註162〕《法言・問道卷》。
〔註163〕《漢書・揚雄傳》。
〔註164〕《解嘲》，見《漢書》卷八十七《揚雄傳》。
〔註165〕《法言・學行卷》。

速哉！七十子之肖仲尼也。〔註166〕

　　或問：「世言鑄金，金可鑄與？」曰：「吾聞觀君子者，問鑄人，不問鑄金。」或曰：「人可鑄與？」曰：「孔子鑄顏淵矣。」或人踧爾曰：「旨哉！問鑄金，得鑄人。」〔註167〕

　　揚雄在此以孔子對學生的影響爲例，言及學聖人之道不僅可以實現道德品質與孔子的想像，而且涉及形貌等諸方面的全方位改變。所謂「問鑄金，得鑄人」，明顯是這種全方位改造的形象表述。揚子云：「學者，所以修性也。視、聽、言貌、思，性所有也。學則正，否則邪。」〔註168〕視、聽、言、貌、思本來是人的五種感官，被揚雄定位爲「修性」的「學」與此有什麼關係呢？按照儒家關於形神互顯的理論，內在的心性必發於外在的形象，必然會在人的諸種感官上有顯現。以此爲背景看揚雄對爲學意義的判斷，就不難看出他對前人的超越，即：學習改變的不僅是內在的思想，而且是外在的形體。這明顯是將學習對人的意義更進一步拓展了。

　　第四，與重智、重學體現出修身的內在要求不同，揚雄對義的重視則與現實的立身行事有關。揚雄云：「事得其宜之謂義。」那麼什麼是「事得其宜」？《呂氏春秋》云：「義莫大於利人。」司馬遷云：「取予者義之符也。」明顯是將義視爲與追求私利相對的一種利他主義的人生原則，代表了人以社會公義爲生存目的的崇高的一面。進而言之，利他就要犧牲自己，甚至要爲之獻身。正是基於這種人格要求，揚雄談義，凸現了儒家勇直剛猛的一面。如他所言：「君子於仁也柔，於義曰剛。」但是，與一般漢代游俠追求行俠仗義之類的現實行動不同，揚雄對義的理解更多偏於人格精神之勇，即孟子式的「不以貧富、貴賤、死生動其心」，認爲這才是真正的「勇於義而果於德」。同時，他認爲，判斷一個人的行爲是否符合義的標準，與他的犧牲是否符合道義、手段是否光明正大、獻身對象是否與義相稱大有關係。據此，他對先秦時期三位著名義士——要離、聶政、荊軻——的義舉頗不以爲然：

　　或問：「要離非義者與？不以家辭國。」曰：「離也，火妻灰子，以求反於慶忌，實蚍蜉之靡也，焉可謂之義也？」「政？」「爲嚴氏犯韓，刺相俠累，曼面爲姊，實壯士之靡也，焉可謂之義也？」「軻？」

〔註166〕《法言・學行卷》。
〔註167〕《法言・學行卷》。
〔註168〕《法言・學行卷》。

> 「爲丹奉於期之首、燕督亢之圖，入不測之秦，實刺客之靡，焉可
> 謂之義也？」

要離燒死自己的妻子和孩子、自斷手足求信於慶忌，不但失之多而得之少，而且靠的是小陰謀、小技巧，與眞正的義存在距離。同樣道理，聶政與荆軻也不過一個可稱爲壯士，一個可稱爲刺客，離配天與道的大義也相距遙遠。從這種情況看，揚雄對義明顯提出了更高的要求。

雖然揚雄講「於義曰剛」，但從上面的分析看，他對義的理解依然太書卷氣。其中對先秦義士義舉的否定，一方面將義的標準提高了，另一方面也顯然將義在現實層面的體現虛化了，給人故意以理論的高調迴避現實問題的印象。與此相比，董仲舒關於這一問題的看法，明顯更符合西漢士人剛猛雄健的英雄主義氣質，實有作一補充的必要。董子云：「直行其道而不忘其難，義之至也。」〔註169〕只要以這種正道直行爲原則，「脅嚴社而不爲不敬靈，出天王而不爲不尊上，辭父命而不爲不承親，絕母之屬而不爲不孝慈」，〔註170〕將義提高到了超越一切世間倫理的層面。另外，董仲舒在區隔仁義時指出：「春秋之所治，人與我也。所以治人與我者，仁與義也。以仁安人，以義正我……我不自正，雖能正人，弗予爲義。」也就是說，仁是給予的，義是自律的。雖然董氏這種「《春秋》仁義法」有些粗暴，但明顯給士人提出了極高的道德要求，它體現在行動上，就是以行動的果決代替以「忍辱負重」掩飾的人性怯懦，以快意恩仇代替「君子報仇，十年不晚」的責任逃避和推脫。董子云：「《春秋》之義，臣不討賊，非臣也。子不復仇，非子也。」〔註171〕正可作爲漢代盛行的復仇觀念的理論根據。對於生死，董子認爲，人一方面可以「不忘其難」，但更應有勇氣舍生取義——「君子生以辱，不如死以榮」，「天施之在人者，使人有廉恥。有廉恥者，不生於大辱。……曾子曰：『辱若可避，避之而已。及其不可避，君子視死如歸。』」〔註172〕正是這種義高於生死的價值原則，使漢代的英雄主義精神找到了理論對應。

以上，我們分析了漢代哲學和美學關於修身的一系列觀點及理論特色。從這種分析不難看出，其總體傾向是追求道德的完滿性。至於這種完滿的道

〔註169〕《春秋繁露・精華第五》。
〔註170〕《春秋繁露・精華第五》。
〔註171〕《春秋繁露・王道第六》。
〔註172〕《春秋繁露・竹林第三》。

德之身是否要爲節義做出生與死的斷然選擇，卻出現了微妙的分歧。比較言之，揚雄更接近於先秦儒家的人本主義和身體本位主義，即面對社會中的諸多非正義現象，可以用「乘桴浮於海」的方式避免決斷，用中庸之道調和個體與他者的利益衝突。而董仲舒則是講「殺身成仁，舍生取義」的，其身體原則服從道義原則，身體本位主義服從於國家英雄主義。〔註173〕可以認爲，董子修身之學是對先秦儒家哲學固有的陽剛一面的強化和發展，而揚雄則是對先秦儒家偏於陰柔一面的接續和延展。後世一般將揚雄稱爲正統儒家，〔註174〕正是因爲儒學自孔子始，就是以在個體與社會之間建立平衡爲其思想主軸，以「用之則行，舍之則藏」的二元選擇規劃人自身。這種思想雖然有強烈的國家或社會責任感，但卻是以每個個體通過修身實現道德自覺爲出發點，而不是用國家或群體的正義原則反過來對人進行規訓。或者說，它是要通過教化使國民「人人皆堯舜」，然後實現社會的大同理想，而不是以某種至高無上的道德原則對人構成強制性的規範和要求。從這個角度講，說揚雄的修身思想是儒家的正途應該是確當的。

那麼，一種道德化的身體是什麼，或者說漢代儒家修身的最高境界是什麼？關於這一問題，我們可以參照揚雄如下的話得出結論：

> 道德仁義禮譬諸身乎。夫道以導之，德以得之，仁以人之，義以宜之，禮以體之，天也。合則渾，離則散。一人而兼統四體者其身全乎？〔註175〕

> 或問仁義禮智信之用？曰：「仁，宅也。義，路也。禮，服也。智，燭也。信，符也。處宅，由路，正服，明燭，執符，君子不動，動斯得也。」〔註176〕

區區一人之體，道德仁義禮諸種要素備於一身，這不僅使儒家抽象的倫理原則獲得了感性形式，而且也意味著人的肉身完成了從生理性存在向道德

〔註173〕徐復觀云：「兩漢突出的知識分子特性之一，是道德的政治性，或者也可以說是政治性的道德感，非常強烈。」（見《兩漢思想史》第二卷，第283頁。）董仲舒由儒家節義而起的國家英雄主義，應是這種特性的突出表現。

〔註174〕揚雄生活在漢亡莽興之時，除了與王莽政權保持距離外，他並沒有奮起捍衛「臣節」。如果按照董子「臣不討賊，非臣也」的節義要求，他顯然很難稱得上一個真正的儒者。但從儒家歷史看，孔子對陽貨、季氏的態度，卻大抵與揚雄對王莽的態度相同。這種比較，有助於我們認識正統儒家到底是什麼。

〔註175〕《法言・問道卷》。

〔註176〕《法言・修身卷》。

化存在的擢升。這種道成肉身，一方面使身體因承載意義而自我超越，另一方面也意味著它必然在人的外在形貌上以光輝的形象得到顯現。這種顯現意味著，它最終體現的必然是一種道德人格的美。同時，人以仁爲宅，以義爲路，以禮爲服，以智爲燭，以信爲符，由此生發的行動必然是一種合規律、合目的的雅化的行動，由此指導的人生實踐必然是一種審美化的實踐。以此雅化的行動和審美化的實踐所創造的世界也必然是一種美的理想世界。從這種情況看，漢代儒家的修身雖然起於人生在世的倫理需要和道德衝動，但它最終卻是必然走向美學的。這種美學就是由美的人格、美的行爲、美的實踐、美的社會理想共同建構的身體美學，或者說審美境界構成了修身的最高境界。

同樣道理，漢代黃老道家以虛寂爲本的治身，所要形成的也不是先秦「形若槁木，心如死灰」的哲學聖像，而是要造就一種形神兼備的審美的身體。這種身體既以感性形象顯現道家哲學的精神內容，又以對肉身局限性的超越彰顯出道家的身體美理想。從這個角度講，漢代儒道的治身和修身，它建基於人本主義基礎上的身體本位主義，它導出的身體美的現實表現和理想，無論是指向自然還是指向社會，都是以超越人的現實存在爲最終目的。這種超越使他們的身體實踐成爲審美實踐，使他們的身體理想成爲審美理想。這種分別從哲學和倫理學走向美學的共同趨向，正是我在本節討論漢代哲學中治身和修身問題的原因所在。

第二章　漢代美學中的身體與世界

　　李澤厚在比較漢代哲學和藝術的特點時說過：「儘管儒家和經學在漢代盛行，『厚人倫，美教化』，『懲惡揚善』被規定爲從文學到繪畫的廣大藝術領域的現實功利職責，但漢代藝術的特點卻恰恰是，它並沒有受到這種儒家狹隘的功利信條的束縛。剛好相反，它通過神話跟歷史、現實和神、人與獸同臺演出的豐滿的形象畫面，極有氣魄地展示了一個五彩繽紛、琳琅滿目的世界。這個世界是有意或無意地作爲人的本質的對象化，作爲人的有機或無機的軀體而表現著的。它是人對客觀世界的征服，這才是漢代藝術的眞正主題。」〔註 1〕李澤厚以「人的有機的或無機的軀體」來描述漢代藝術表現的世界，確實對認識漢代藝術如何建構身體與世界的關係有啓發意義，但他對漢代儒學和經學的認識卻是片面的。他只看到了漢代哲學目的論層面的功利主義，而沒有注意到它通過什麼樣的理論過程導出了這種功利主義。

　　無論漢代哲學還是藝術，都具有強烈的功利主義傾向，這一點，只要看看漢賦千篇一律的帶有訓喻意味的結尾就會非常清楚。據此，如果我們不因爲漢代藝術的功利主義而否定其在身體與世界之間建構關係的努力，那麼，漢代儒學和經學，或者更寬泛地說漢代哲學，關於這一問題的思考也不能因其功利主義的藝術觀而被輕易忽視。漢代哲學和藝術不是彼此分離，更不是相互對立，而是同一個觀念體系的有機組成部分。就身體與世界的關係而言，李澤厚發現了漢代藝術以「人的有機或無機的軀體」表現世界的特點，但更根本的問題卻是漢人以世界爲本源爲身體立法、以身體爲本體建構世界的努

〔註 1〕 李澤厚：《美的歷程》。見《李澤厚十年集》（第一卷），安徽文藝出版社 1994
　　　　年版，第 75 頁。

力。本章將重點關注漢代哲學如何將這種藝術化的世界觀進行了理論的建構和闡釋，並以此爲基礎，研究漢代美學對身體與世界關係的本體性判斷。

第一節　身體經驗與世界經驗

一、身體與世界的一般關係

漢人不長於抽象思維，這使他們更傾向於下降到生活世界談哲學和美學問題。作爲這種下降的直接表現，就是人的存在被具體化爲身體存在，普泛意義上的人與自然的關係被具體化爲身體與世界的關係。於此，身體經驗與世界經驗就成爲討論漢代如何建構身體與世界關係的起點。

在中國哲學和美學中，身體與對象世界關係的建立，始於「觀物取象」。《易傳·繫辭》云：「古者包犧氏之王天下也，仰則觀象於天，俯則觀法於地，觀鳥獸之文與地之宜，近取諸身，遠取諸物，於是始作八卦，以通神明之德，以類萬物之情。」〔註2〕這說明，中國哲學和美學的起點不是抽象的道論，而是起於感覺性的對世界的「觀」。這種「觀」有兩個向度，一是「近取諸身」，一是「遠取諸物」，這意味著對身體和世界的雙重經驗是認識得以發生的前提，也意味著身體與世界的內在關聯依託於這兩種經驗的合流或統一。

今天，《易傳》的成書年代已不可詳考，比較持中的觀點認爲是戰國末至西漢早期的作品。如果我們認同這種觀點，就可以看到，漢代哲學和美學關於人與世界關係的認識確實有接著《易傳》講的味道，這種「接著講」的一個重要的側面，就是以身體經驗爲這種認識發生論尋找可能的根源。如《淮南子》云：

> 凡人之所以生者，衣與食也。今囚之冥室之中，雖養之以芻豢，衣之以錦繡，不能樂也，以目之無見，耳之無聞。穿隙穴，見雨零，則快然而歎之，況開戶發牖，從冥冥見炤炤乎！從冥冥見炤炤，猶尚肆然而喜，又況出室坐堂見日月光乎！見日月光，曠然而樂，又況登太山，履石封，以望八荒，視天都若蓋，江河若帶，（又況）萬物在其間者乎！其爲樂豈不大哉！〔註3〕

在這段話中，《淮南子》首先區隔了人關乎自身的兩種需要，一是基本生

〔註2〕　《易傳·繫辭下》。
〔註3〕　《淮南子·泰族訓》。

理需要，它保證人的生命延續，如衣與食；一是身體與世界發生關係的需要，它表現為人體存在空間的拓展。這種拓展首先意味著，人的身體不是一種物理性的肉體，它需要一定的活動區域展示自己的存在。其次，人是一種有感知欲望的存在物，他天然地具有感知世界的需要和衝動，而且，感官愈衝破有限空間的限制，愈能給人帶來心理滿足。《淮南子》所講的人從「穿隙穴，見零雨」到「視天都若蓋，江河若帶」，就是人的感覺區域不斷放大的過程。當這種放大最終超出人的感官所能把握的限度時，感性認識會自然地過渡到理性認識。

　　《淮南子》講人認識的源起有兩點值得注意：一是他從人的生理和心理需要入手，這與先秦哲學將此作為自明的前提相比，明顯是一種深化；二是它講人的認識欲望，設置了「囚之冥室」這個極端性的起點，這明顯意味著身體的囚禁就是生命的囚禁，身體的解放就是人的感官向外部世界開放。而耳目之官作為身體的器官，它與外部世界建立聯繫正是身體與世界建立聯繫的直觀表現。戰國時期，荀子也談到人的認識必指向物質對象，即：「夫人之情，目欲綦色，耳欲綦聲，口欲綦味，鼻欲綦嗅，心欲綦佚。此五綦者，人情所不免也。」〔註4〕但必須看到，無論耳目之欲，還是口鼻之欲，都是建基於人的身體之欲。也就是說，人的官能欲望是身體之欲的外化或延伸。從這種情況看，荀子雖然從生理性的感官講人的認識發生，但與《淮南子》相比，它以官能欲望的多元性遮蔽了身體之欲的一元性，以官能之欲的表相性遮掩了身體之欲的本源性。

　　在漢代，關於身體作為認識本源和主體的思想，同樣出現在王充的《論衡》中。如其《別通篇》云：「開戶內光，坐高堂之上，眇升樓臺，窺四鄰之廷，人之所願也。閉戶幽坐，向冥冥之內，穿壙穴臥，造黃泉之際，人之所惡也。夫閉心塞意，不高瞻覽者，死人之徒也哉！」在此，王充將「眇升樓臺，窺四鄰之廷」視為人之所願，以「穿壙穴臥，造黃泉之際」為人之所惡，也明顯是講耳目的解放必帶來精神的解放，而精神的解放又必帶來身體的巨大快適。這種快適既是人認識世界的動因，也是人認識世界的結果，而無論動因還是結果，都說明了一個問題，即人的身體作為一種飽含生命動能的存在物，它總是試圖漫出自身被規定的邊界，通過與對象世界建立聯繫來克服自身的壓抑，達成內在生命動能的舒解。

　　　　　　　　　　　　　　　　　　　
〔註4〕《荀子·王霸篇》。

　　人的身體之欲有多種表現方式，如飲食與聲色，但過度的放縱必然反過來傷及人自身。比較而言，從自然世界獲得認識和審美的愉快最有益於身體。這是因爲，廣袤的自然界不但給人提供精神自由的對象形式，而且讓人在極目遠眺中舒散懷抱，從生理和心理鬱結及人生創痛中超拔而出，獲得身心放鬆。在漢代，《淮南子》之所以否定「囚之冥室」的生存，王充之所以將「閉心塞意，不高瞻覽者」視爲「死人之徒」，顯然看到了觀照自然對人身心的治療作用。這種自然療法，廣泛存在於漢賦中，又以枚乘的《七發》體現的最爲充分。枚乘的《七發》，除最後「一發」因追求教化的目的選擇了「聖人辯士之言」外，其它對楚太子沉屙的激發，無一不與美麗壯闊的自然界有關。如其中講：

　　　　既登景夷之臺，南望荊山，北望汝海，左江右湖，其樂無有。
　　於是使博辯之士，原本山川，極命草木；比物屬事，離辭連類。浮
　　遊覽觀，乃下置酒於虞懷之宮，連廊四注；臺城層構，紛紜玄綠；
　　輦道邪交，黃池紆曲。涸章、白鷺、孔鳥、鶤鵠；鵷鶵、鵁鵱，翠
　　鬣紫纓。螭龍德牧，邕邕群鳴；陽魚騰躍，奮翼振鱗……梧桐、并
　　閭，極望成林。眾芳芬郁，亂於五風；從容猗靡，消息陽陰。列坐
　　縱酒，蕩樂娛心，杜連理音。滋味雜陳，肴糅錯該；練色娛目，流
　　聲悅耳。於是乃發激楚之結風，揚鄭衛之皓月。使先施、徵舒、陽
　　文、段干、吳娃、閭姁、傅予之徒，雜裾垂髾，目窕心與；揄流波，
　　雜杜若；蒙清塵，被蘭澤，嬿服而御。此亦天下之靡麗、皓侈、廣
　　博之樂也，太子能強起遊乎？

　　　　……

　　　　訓騏驥之馬，駕飛鈴之輿，乘牡駿之乘；右夏服之勁箭，左烏
　　號之雕弓；遊涉乎雲林，周馳乎蘭澤，弭耳乎江潯；掩青蘋，遊清
　　風，陶陽氣，蕩春心；逐狡獸，集輕禽。……此校獵之壯也，太子
　　能強起遊乎？〔註5〕

　　楚太子聽後，雖然仍說：「僕病，未能也。」但「陽氣見於眉宇之間，侵淫而上，幾滿於大宅」。〔註6〕這提示人們，漢代哲學除了認識到人對世界的

　　〔註5〕見葉朗：《中國歷代文庫・秦漢卷》，高等教育出版社2004年版，第27頁。
　　〔註6〕枚乘：《七發》。關於自然景觀對人的激發和治療，又可參照：(1) 司馬相如
　　　　　《大人賦》敘「大人」遠遊所睹天下之盛景：「天子（武帝）大悅，飄飄有凌

感知基於身體需要之外，也對自然對人身心的治療作用給予了充分的強調。從現代的觀點看，枚乘明顯將這種治療作用誇大了，但在大自然中壯遊對身體的正面作用卻不能否定。自然審美，不僅可以給人健康的心靈，也可以給人健康的身體。長年受「煙雲供養」的山水畫家之所以往往比常人更長壽，原因正在於此。南朝畫家王微在其《敘畫》中講：「望秋雲，神飛揚，臨春風，思浩蕩。」這種浩蕩的情思、飛揚的精神，意味著自然審美活動給人帶來的巨大愉快，這種愉快必然落實為身心放鬆的舒適感，而這種舒適感又必然有利於排解人生理的鬱結和心理的鬱悶，從而給人一個健康的身體。由此也可以看到，西方傳統哲學以肉體與精神的二分法看人，其美學在快感和美感之間劃出界限，這種劃分不但忽視了人身體經驗的整一性，而且對中國古典美學在關乎身體問題上所表現出的整體主義缺乏解釋能力。

從以上分析看，漢代哲學和美學對人與世界關係的理解是有獨到之處的，即：通過將抽象的人下降為身體性的人，為人與世界關係的建立提供了更堅實的背景，使其更具體地體現為身體與世界的關係。同時，人的世界經驗可以帶來有益於身體健康的實用價值，這種判斷也使它與先秦、魏晉對自然的思考拉開了距離。

二、音聲形貌與地理環境

人認識世界的過程，是用知覺建構世界的過程。比如《易傳‧繫辭》中講遠古的聖王包犧氏，他「王天下」的第一件事就是「觀物取象」，這明顯是以「觀」作為認識世界的起點。最後，他「始作八卦，以通神明之德，以類萬物之情」，則明顯是以簡潔的卦象和數理來把握世界的形式規律，進而以這種形式作為世界存在的基本圖景。但反而言之，人在以抽象圖式建構世界的同時，他也被他所生活的世界建構和規定。一個地區的地理狀況、氣候不但形成了人獨特的生活方式、風俗習慣，而且對人的個性、行為、服飾、相貌、體徵施加重要的影響。這種反向的影響，使人與世界在互動中成為一個整體，也使地理決定論成為身體哲學和美學的話題。

雲之氣，似遊於天地之間」。(《史記‧司馬相如列傳》)。(2)《漢書‧王褒傳》云：「太子（元帝）體不安，苦忽忽善忘。（宣帝）詔史褒等皆之太子宮虞侍太子，朝夕誦讀奇文及所自造作。疾平復，乃歸。太子喜褒所為《甘泉》及《洞簫頌》，令後宮貴人左右皆誦讀之。」

　　自然地理環境對人的影響，春秋戰國時期即引起思想者的注意。如《管子・水地》云：「夫齊之水遒躁而復，故其民貪婪而好勇。楚之水淖弱而清，故其民輕果而賊。越之水濁重而洎，故其民愚疾而妬。秦之水泔最而稽，沉滯而雜，故其民貪戾罔而好事。晉之水鹽旱而混，沉滯而雜，故其民諂諛葆詐，巧佞而好利。燕之不萃而下弱，沉滯而雜，故其民愚憨而好貞，輕疾而易死。宋之水輕勁而清，故其民簡易而好正。是以聖人之化世也，其解在水。」有漢一代，由於地理疆域的擴大，人文學者對地理環境與民俗、民性關係的考察涉及的範圍更廣。比如，司馬遷在《史記・貨殖列傳》中，將漢王朝分為關中、三河（河東，河內，河南）、齊、鄒魯、梁宋、西楚、東楚、南楚以及以邯鄲、燕、宛為中心城市的十一個地理單元。其中，關中之民「玩巧而事末」，三河地區的種、代之地「人民矜懻忮，好氣，任俠為奸，不事農商」，中山之地「民俗懷急，仰機利而食。丈夫相聚遊戲，悲歌慨，……女子則鼓鳴瑟，跕屣，遊媚寶貴」，邯鄲之民「微重而矜節」，燕之民「雕捍少慮」，鄒魯之民「儉嗇，畏罪遠邪」，齊「足智，好議論，怯於眾鬥，勇於持刺」，梁宋「厚重多君子，好稼穡，能惡衣食，致其蓄藏」，西楚「剽輕，易發怒」，東楚「其俗類徐、僮」，南楚「好辭，巧說少信」，宛「好事，任俠」，等等。〔註7〕班固在《漢書・地理志》中基本上延襲了這種判斷。

　　司馬遷和班固在討論地理環境對人的影響時，兼及了自然和人文兩方面因素。這兩種因素決定了一個區域的民風民俗，而民風民俗則對這一地區人的個性、精神風貌、身體性行為形成潛在的影響。關於這種影響的內在機制，班固曾云：「凡民函五常之性，而其剛柔緩急，音聲不同，繫水土之風氣，故謂之風。好惡取舍，動靜亡常，隨君上之情欲，故謂之俗。」〔註8〕應劭云：「風者，天氣有寒煖，地形有險易，水泉有美惡，草木有剛柔也。欲者，含血之類，像之而生，故言語歌謳異聲，鼓舞動作殊形，或直或邪，或善或淫也。」〔註9〕從這兩段話可以看出，自然環境會比人文歷史對一個地區的人民構成更根本的影響，班固所謂的「水土之風氣」、應劭的「天氣、地形、水泉、草木」都是屬於自然的。按應劭的觀點，人生活在一定的地理氣候環境中，他對周遭自然有本能的摹仿能力，即所謂「含血之類，像之而生」，這種摹仿使他的身體性的音聲和行為被環境塑造，從而使人成為一種被自然規定的存

〔註7〕　《史記・貨殖列傳》。
〔註8〕　《漢書・地理志下》。
〔註9〕　《風俗通義・序》。

在物。

　　班固講「凡民函五常之性，而剛柔緩急音聲不同」，是將人外在形貌的剛柔、行動的緩急、音聲語調等身體性特點視為人五常之性的表現，而這五常之性的形成又是由「水土之風氣」來決定。據此，我們大致可以理出漢代人關於環境決定論的大致思想線索，即：自然和人文環境決定人性，人性外化為社會行為，社會行為又進一步涉及道德評價，即人品的正與邪、待人接物的誠與詐等。簡而言之，這諸多問題，可以簡化為世界和身體的關係問題。這是因為，自然環境和人文環境共同構成了人的生活環境，人生活於自然和社會中，就是生活於世界中。同時，對人而言，我們之所以能對其人性做出描述和評價，明顯是基於對其身體行為的認知或考察。這種身體行為在自然層面表現為言語歌謳、鼓舞動作，在社會層面表現為與他人交往的方式和態度。而這種自然和社會層面的身體行為又明顯是以人身體的實存為背景的。這樣看來，漢代在地理決定論背景下言及的人與自然的關係，就是身體與世界的關係。

三、《淮南子》論人在自然中的位置

　　以上探討了司馬遷、班固、應劭關於身體與世界關係的看法。這種看法意味著，人作為環境的產物，他有被其生存的地域限定的側面。尤其在往昔交通不便的時代，一個民族棲息於什麼樣的土地這樣一種物理性的事實，都將決定著這一族群的行為方式和形貌體徵。但同時必須看到，作為歷史學家的司馬遷和班固，以及作為民俗學家的應劭，他們對這一問題的認識都是基於現實生活經驗。經驗的現實性有效保證了他們所闡釋問題的真實性，但基於經驗的判斷卻往往因缺乏哲學的闡明而支離破碎。在漢代，真正從哲學高度把握這種關係的是《淮南子》中的《墜形訓》。下面嘗試論之：

　　《墜形訓》在其開篇處即為人的存在境域定位。如其所言：「墜形之所載，六合之間，四極之內，照之以日月，經之以星辰，紀之以四時，要之以太歲，天地之間，九州八極。」在這一人的感官可以把握的廣袤空間之內，存在著大地山川湖泊之形，也存在著各種各樣的自然生命，而人只不過是千萬種有機或無機自然物中的一種。基於這種宏闊的視野，它對人的考察就不是單從人與自然的互動關係入手，而是將人作為生物群中的一個物種，納入到一個整體的自然系統。如其所言：

　　萬物之生而各異類。蠶食而不飲，蟬飲而不食，蜉蝣不飲不食。介鱗者夏食而冬蟄，齕吞者八竅而卵生，嚼咽者九竅而胎生，四足者無羽翼，戴角者無上齒，無角者膏而無前，有角者脂而無後。晝生者類父，夜生者似母，至陰生牝，至陽生牡。夫熊羆蟄藏，飛鳥時移。是故白水宜玉，黑水宜砥，青水宜碧，赤水宜丹，黃水宜金，清水宜龜，汾水濛濁而宜麻，濟水通和而宜麥，河水中濁而宜菽，雒水輕利而宜禾，渭水多力而宜黍，漢水重安而宜竹，江水肥仁而宜稻，平土之人慧而宜五穀。東方川谷之所注，日月之所出，其人兌形小頭，隆鼻大口，鳶肩企行，竅通於目，筋氣屬焉，蒼色主肝，長大早知而不壽，其地宜麥，多虎豹。南方陽氣之所積，暑濕居之，其人脩形兌上，大口決眥，竅通於耳，血脈屬焉，赤色主心，早壯而夭，其地宜稻，多兕象。西方高土，川谷出焉，日月入焉，其人面末僂，脩頸卬行，竅通於鼻，皮革屬焉，白色主肺，勇敢不仁，其地宜黍，多旄犀。北方幽晦不明，天之所閉也，寒水之所積也，蟄蟲之所伏也，其人翕形短頸，大肩下尻，竅通於陰，骨幹屬焉，黑色主腎，其人蠢愚，禽獸而壽，其地宜菽，多犬馬。中央四達，風氣之所通，雨露之所會也，其人大面短頤，美鬚惡肥，竅通於口，膚肉屬焉，黃色主胃，慧聖而好治，其地宜禾，多牛羊及六畜。〔註10〕

　　在這段話中，《淮南子》首先列舉了自然界形態各異的生命形式，以此作為討論人在大地上生存的背景。然後，他開始講水對大地上的礦物——如玉、砥、碧、丹、金——的生成作用，這些都是人所寶貴的東西；進而又講具體的水域適宜種植的穀物，而穀物是人藉以生存的東西。這些列舉，從可觀、可玩、可食諸方面為人的出場做了鋪墊。在具體分析自然環境對人的決定意義的時候，這段話有以下幾點值得注意：首先，它使用的地理概念，不是班固在《漢書·地理志》中所使用的行政區劃概念，也不是司馬遷基於人文歷史的概念，而是建立在陰陽五行基礎上的方位概念，即按照太陽運轉的規律，以東、南、西、北、中五個區域排序。這種對自然地理進行劃分的方法，明顯是要超越日常生活經驗，從更哲學化的角度實現對自然與人關係的認識。其次，它在講自然與人的關係之前，先講自然生物、次講大地上的寶藏，再

〔註10〕《淮南子·墜形訓》。

講到穀物桑麻之類，顯然是要給人一個提示，即：自然世界對人的決定，最直接地表現為物質對人的決定。自然物質不像風俗一樣只影響人的性情，而是更根本地決定著人的物理特徵。第三，在具體分析人與自然環境的關係時，《淮南子》連帶指出某地適宜何種穀物生長，有何種野獸和家畜，這也意味著他不是要抽象地談論人性與風俗，而是要涉及人生理需要的滿足。

　　最後，也是最值得重視的一點，《淮南子》講自然環境對人的影響，重點在自然對人的體格、形貌等特徵的塑造，這是與司馬遷、班固有大不同的。先秦時期，《管子》說過：「地者，萬物之本源，諸生之根菀也。美惡賢不肖愚俊之所生也。水者，地之血氣，如筋脈之通流也。」〔註11〕似乎蒙蒙朧朧地涉及身體的物理特徵，如地氣影響到人的美惡、水如人的筋脈等，但並沒有展開。同時，如前所言，《淮南子》講自然對人體的決定作用，一方面立於經驗，另一方面則以五行觀念賦予生活經驗以理論的合理性，這種用邏輯整理經驗的方式也超越了同時代的司馬遷和後來的班固和應劭。我們可以從下面整理出的表格中看出他的理論的系統性：

東	南	西	北	中
木	火	金	水	土
蒼	赤	白	黑	黃
目	耳	鼻	陰	口
肝	心	肺	腎	胃
筋氣	血脈	皮革	骨幹	膚肉
兌形小頭，隆鼻大口，鳶肩企行。	脩形兌上，大口決眥。	人面末僂，脩頸卬行。	翕形短頸，大肩下尻。	大面短頤，美鬚惡肥。
長大早知而不壽。	早壯而夭。	勇敢不仁。	其人愚蠢，禽獸而壽。	慧聖而好治。

　　這是根據上段引文整理出的表格。從這個表格可以看出《淮南子》如何認識人與自然的聯動關係。東南西北中在此指五個自然地理區域，木火金水土指各地理區域水土的屬性，蒼赤白黑黃指各區域空氣的亮度，也可指地的色貌。這三個層面組合在一起就是人生存的自然世界。在《淮南子》看來，這各具特色的自然世界可以對人體的感官和內在臟器產生微妙的作用，並進而影響人的體格形貌，決定人的壽命和個性。

〔註11〕《管子・水地篇》。

　　《淮南子》在此採用的分類方式可稱為經驗邏輯化的方式，其中既有合理的成份，也會因追求邏輯的明晰而導致判斷的謬誤。就其合理性而言，作者借用五行理論，即以木火金水土定位五個地理區域的水土屬性是有道理的，因為東方與春天草木的蒼翠蔥郁、南方與夏季的炎熱、西方與秋天的蕭條肅殺、北方與冬天的陰沉寒冷總有著微妙的對應關係。再如不同區域中人的體徵和個性，明顯和那個時代對不同區域的人的認識和觀察有關。其中說到中原漢人「大面短頤，美鬚惡肥」，從史料看有事實依據；說北方人「愚蠢，禽獸而壽」，明顯表現出當時漢人對匈奴的厭惡和憎恨；說中原人「慧聖而好治」，則又明顯是漢族中心主義價值觀主導了作者的判斷。在此，邏輯不但可以整理經驗，而且也可以使地域和政治偏見合法化。

四、經驗的邏輯與想像的邏輯

　　《淮南子》採用邏輯與經驗相混合的方式分析人體。這種混合可能既沒有達到真理的自動被給予，又在某種程度上發生了和經驗的偏離，〔註12〕但它卻反映出西漢前期思想界試圖對人的世界經驗進行普遍描述的努力（這種特點在下文關於董仲舒天人感應論的探討中仍可以看到）。具體到身體與世界的關係方面，這種努力的目標就是將與此有關的各種要素都組入到一個統一的知識系統，從而實現對身體與世界關係的整體認知。如下文：

> 凡地形，東西為緯，南北為經，山為積德，川為積刑；高者為
> 生，下者為死；丘陵為牡，谿谷為牝；水圓折者有珠，方折者有玉；
> 清水有黃金，龍淵有玉英。土地各以其類生，是故山氣多男，澤氣

〔註12〕 與《淮南子》關於各地域自然條件對人身體影響的判斷比較，《黃帝內經》基於醫學經驗的認識明顯更切近實際。如《內經‧異法方異論篇》云：「東方之域，天地之所始生也。魚鹽之地，海濱傍水，其民食魚而嗜鹹，皆安其處，美其食，魚使人熱中，故其民皆黑色疏理，其病皆為癰瘍，其治宜砭石，故砭石者，亦從東方來。西方者，金玉之域，沙石之處，天地之所收引也，其民陵居而多風，水土剛強，其民不衣而褐薦，其民華食而脂肥，故邪不能傷其形體，其病生於內，其治宜毒藥，故毒藥者，亦從西方來。北方者，天地所閉藏之域也，其地高陵居，風寒冰冽，其民樂野處而乳食，藏寒生滿病，其治宜灸焫，故灸焫者，亦從北方來。南方者，天地所長養，陽之所盛處也，其地下，水土弱，霧露之所聚也，其民嗜酸而食胕，故其民皆致理而赤色，其病攣痹，其治宜微鍼，故九鍼者，亦從南方來。中央者，其地平以濕，天地所以生萬物也眾，其民食雜而不勞，故其病多痿厥寒熱，其治宜導引按蹻，故導引按蹻者，亦從中央出也。」

多女，障氣多喑，風氣多聾，林氣多癃，木氣多傴，岸下氣多腫，石氣多力，險阻氣多癭，暑氣多夭，寒氣多壽，谷氣多痹，丘氣多狂，衍氣多仁，陵氣多貪，輕土多利，重土多遲，清水音小，濁水音大，湍水人輕，遲水人重，中土多聖人。皆象其氣，皆應其類。故南方有不死之草，北方有不釋之冰，東方有君子之國，西方有形殘之尸。寢居直夢，人死爲鬼，磁石上飛，雲母來水；土龍致雨，燕鴈代飛。蛤蟹珠龜，與月盛衰。是故堅土人剛，弱土人肥，壚土人大，沙土人細，息土人美，耗土人醜。食水者善游能寒，食土者無心而慧，食木者多力而翸，食草者善走而愚，食葉者有絲而蛾，食肉者勇敢而悍，食氣者神明而壽，食穀者知慧而夭，不食者不死而神。凡人民禽獸萬物貞蟲，各有以生。或奇或偶，或飛或走，莫知其情，惟知通道者能原本之。〔註13〕

按照《淮南子》的看法，人的生存狀態有兩種，一種是自在的生，即生而「莫知其情」，一種是自明的生，即通過「生之道」而原「生之本」。由於這個「道」是天下萬物都依循而存的自然大道而不僅僅是人道，所以《淮南子》將「人民禽獸萬物貞蟲」都綜合在一起，一併加以考慮。這種綜合的方式同樣也體現在《淮南子》對人與自然關係的考察中。比如，《管子》在談到自然對人的影響時，以水爲人性之本——「是以聖人之化世也，其解在水」，〔註14〕《淮南子》則從地形講到山川，從水講到氣，從氣講到土，這就從自然單一元素對人的決定擴展到所有自然因素對人的整體決定。同時，漢代史家雖然認爲人的塑造離不開「水土之風氣」，但他們重點關注的是自然對人社會倫理本性的影響，而《淮南子》則將這種社會屬性更堅實地建立在人的自然本性和自然形貌的形成上，這顯然是將「人是一切社會關係的總和」這一命題更深入地推進到了「人作爲一切自然關係總和」存在的屬性。這種推進，不但使身體在漢代思想史中的位置得到凸顯，而且標示著漢代人對身體與世界關係的認識克服了自然與社會、形體與精神的對立，成爲一個相互貫通的整體。

從以上分析看，《淮南子》以邏輯整合經驗的方式把握身體與世界關係，是有價值的。但同時必須看到，由於它依託的五行學說本身來自對經驗現象

〔註13〕《淮南子・墜形訓》。
〔註14〕《管子・水地篇》。

的歸納，或者說是經驗的邏輯化，所以它可以做出解釋的區域依然只能限定於人可經驗的世界之內，對於超出這一範圍的東西，它就必然顯得無能爲力。比如，《淮南子》以木火金水土對應於東西南北中，以東西南北中爲地理區域定位，這本身就潛存著理論在向外彌漫中失去邊界的危險。這是因爲，東西南北中都是無限廣延的空間概念，經驗性的「東」之外還有無限的「東」，「南」之外還有無限的「南」。即便「中」這個概念也不可靠，如莊子云：「我知天下之中央，燕之北越之南是也。」〔註 15〕從這個角度講，中國哲學用五行建構世界的方式，最終必然會由經驗的邏輯發展成爲想像的邏輯，由生活可以驗證的眞實步入想像的荒謬和怪誕。這一點從戰國時期的鄒衍已可看得非常清楚，〔註 16〕《淮南子》論身體與世界之關係也重複了類似的理論命運。如其論「海外三十六國」云：

> 凡海外三十六國，自西北至西南方，有脩股民、天民、肅愼民、白民、沃民、女子民、丈夫民、奇股民、一臂民、三身民；自西南至東南方有結胸民、羽民、讙頭國民、裸國民、三苗民、交股民、不死民、穿胸民、反舌民、豕喙民、鑿齒民、三頭民、脩臂民。自東南至東北方有大人國、君子國、黑齒民、玄股民、毛民、勞民。自東北至西北方有跂踵民、句嬰民、深自民、無腸民、柔利民、一目民、無繼民。〔註 17〕

這種關於超出經驗世界之外的人的身體的怪誕想像，與產生於秦漢時期的《山海經》如出一轍。不同的是，《山海經》一任人的想像力遠遊，而《淮南子》則傳達出邏輯失效之後想像力泛濫的身體景觀與世界圖景。

在《淮南子》中，邏輯本身不過是經驗的抽象形式，所以，所謂邏輯的失效在根本意義上不過是經驗的失效。由此，我們討論漢代哲學和美學的身

〔註15〕《莊子・天下》。
〔註16〕《史記・孟子荀卿列傳》云：「鄒衍……深觀陰陽消息而而作迂怪之變，終始、大聖之篇十餘萬言。其語閎大不經，必先驗小物，推而大之，至於無垠……先列中國名山大川，通谷禽獸，水土所殖，物類所珍，因而推之，及海外人之所不能睹。……以爲儒者所謂中國者，於天下乃八十分居其一分耳。中國名曰赤縣神州。赤縣神州內自有九州島，禹之序九州島是也，不得爲州數。中國外如赤縣神州者九，乃所謂九州島也。於是有裨海環之，人民禽獸莫能相通者，如一區中者，爲一州。如此者九，乃有大瀛海環其外，天地之際焉。其術皆此類也。」
〔註17〕《淮南子・墜形訓》。

體經驗與世界經驗，其邊界在於經驗和感知領域，超出這個邊界，就是身體想像和世界想像的問題。關於經驗與想像的劃界，普魯塔克在《希臘羅馬名人傳》的開篇曾講過一段極有意義的話，茲錄如下：

> 地理學家把世界上那些他們毫無所知的地方填塞到自己繪製的地圖的邊緣，並加上注釋：「超過這個範圍，惟有乾涸無水、猛獸出沒的荒山大漠」、或這「無法穿過的沼澤」、或「西徐亞的冰天雪地」、或「長年封凍的大海」等等。我在撰寫這部傳記時，也有同樣的想法。在縱觀那些推理所能及和確實有史可稽的時代之後，我也不妨這樣說：超過這個範圍，再上溯到更加遙遠的時代，那就惟有種種傳說和杜撰的故事了。那裡是詩人和傳奇作家活躍的領地，虛無飄緲，荒誕不經，令人難以置信。〔註18〕

第二節　身體的形而上起源

一、創生神話與身體的起源

李澤厚在論漢代藝術和美學精神時指出：「楚漢浪漫主義是繼先秦理性精神之後，並與它相輔相成的中國古代又一大藝術傳統。它是主宰兩漢藝術的美學思潮。」〔註19〕這種浪漫主義不但影響著那一時代的藝術，而且影響了那一時代的哲學。漢代哲學作爲經驗與邏輯的混合形式，它本身應該是理性的，但一旦超越了邏輯可以駕馭的範圍，所謂的理性也就讓位給了想像。楚漢浪漫主義就是這種想像的產物，它在現實態的生活之外製造了一個奇幻的世界。在這個世界裏，人的身體以怪異的形態出現，與現實形態形成對立。就哲學的目標而言，現實與想像的對立不可能是它的理想形態，能否克服對立、在本體層面一語道出身體的本源才是衡量其是否成熟的標誌。從這個角度講，身體形而上學的出現將成爲必然。下面，我們將考察漢代哲學和美學如何在形而上層面確立人體的本源。

「遂古之初，誰傳道之？上下未形，何由考之？」〔註20〕一個心智成熟

〔註18〕普魯塔克：《希臘羅馬名人傳》，北京大學出版社1990年版，第1頁。
〔註19〕李澤厚：《美的歷程》。見《李澤厚十年集》第一卷，安徽文藝出版社1994年版，第72頁。
〔註20〕屈原：《天問》。

的民族，總會被這些形而上的問題困擾。具體到個體生命，就是不斷追問「我是誰，我從哪裏來？」人由父母所生，這是一個生理學的事實，但是從哲學角度看，這種經驗性的判斷無限推演下去必然會使人陷入邏輯的困境。這是因爲，雖然作爲個體的人來自父母的孕育，但父母之上還有父母。無限的父母推演下去，並不能爲人的來處提供一個有效的答案。或者說，人的本源不可能在人自身，而只可能在人之外。在人的範圍之內爲人尋找本源，本身就構成了一個邏輯的背反。

從歷史看，中國人對這種經驗判斷的局限性是有清醒認識的。他們從殷周時期就開始從人之外爲人的身體尋找來處。比如，殷民族自認爲是玄鳥之子，即「天命玄鳥，降而生商」；〔註21〕周民族則認爲部族的母親姜嫄踏了巨人的足印，然後「載生載育，時維后稷」。〔註22〕這中間，雖然兩個民族的母親——簡狄和姜嫄——依然是人，但其超越人自身之外尋找部族起源的企圖卻依然十分明顯。像這裡的玄鳥和巨人，或者與人異質，或者與常人異形，都是作爲人或常人之外的他者存在。

在先秦，除了《詩經》中的這兩個例子，其它創生神話相當匱乏。但到了漢代卻一下子變得豐富起來。這應該和楚漢浪漫主義橫貫人間和神界的詩性思維有關。如《淮南子》云：「黃帝生陰陽，上駢生耳目，桑林生手臂，此女媧所以七十化也。」〔註23〕許慎《說文解字》解「媧」字云：「媧，古之神聖女，化萬物者也。」王符云：「天地開闢有神民，民神民業精氣通。」〔註24〕應劭云：「天地開闢，未有人民；女媧摶黃土作人，劇務力不暇供，乃引繩於泥中，舉以爲人。故富者黃土人也，貧賤凡庸者絙土人也。」〔註25〕另外，伏羲與女媧交合生人，是漢畫像石和畫像磚表現的重要主題。

從上面所引的漢代材料看，漢代關於人的起源的神話可以分爲三類，一爲黃帝造人，一爲女媧造人，一爲伏羲女媧結合造人。這中間，《淮南子》獨舉黃帝造人之說，顯然有辨析的必要。《淮南子‧說林訓》高誘注云：「黃帝古天神也，始造人時，化生陰陽。」這是我們認定黃帝造人的根據所在。但從中國對於上古帝王的一般排序看，黃帝明顯晚於伏羲、女媧。《淮南子》中

〔註21〕《詩經‧商頌‧玄鳥》。
〔註22〕《詩經‧大雅‧生民》。
〔註23〕《淮南子‧說林訓》。
〔註24〕《潛夫論‧卜列》。
〔註25〕見王利器：《風俗通義校注‧佚文》，中華書局1981年版。

「黃帝生陰陽，上駢生耳目，桑林生手臂，此女媧所以七十化也」這句話，存在著另一種更合理的解釋，即：黃帝生陰陽、上駢生耳目、桑林生手臂是女媧「七十化」的結果，而不是誘因。也就是說，首先有女媧的「七十化」，然後才有了黃帝、上駢、桑林的造人行爲。也就是說，漢代關於人體起源的神話，應集中在女媧造人和伏義、女媧交合生人兩個方面。

　　那麼，漢代爲什麼會出現這麼多關於人類創生的神話？如果單從人類文化有序發展的角度看這一問題，它明顯應該出現的更早。像古希臘，就是先有神話，然後有史詩和哲學，標示著人類從想像、情感到理性這一心智逐漸走向成熟的過程。對此，我們當然可以從漢王朝與楚文化的淵源找原因，但這種神話所具有的對先秦的超越特性也同樣必須看到。如前所言，殷周民族關於自身來處的設想，試圖以感靈而孕克服父母生人這種經驗判斷的邏輯困境。比較來講，漢代創生神話明顯是對殷周民族創始神話的超越。這是因爲，母親感靈而孕，仍然會引人追問這作爲母親的簡狄和姜嫄來自哪裏。如果這個問題不能回答，也就意味著這種部族起源神話是不徹底的。而在漢代神話中，這種作爲人神中介的母親不再存在，人與神成了兩離的世界。伏義和女媧作爲人格神，他們造人，就明顯擺脫了「人人相生」的邏輯循環，使更具超越性的他者爲人提供了一個更根本的決定。

　　同時必須注意的是，漢代神話中神對人的創造，不是對人抽象靈魂的創造，而是對人身體的具體創造。所謂「黃帝生陰陽，上駢生耳目，桑林生手臂」，正是說明人的生產就是對其身體的生產，而精神不過是身體中自然滋生的東西。這種創生神話，明顯與西方基督教不同。基督教中的上帝對人的創造兼及肉體和靈魂，而且肉體來自塵界，靈魂則直接來自上帝的賦予：

　　　　耶和華神用地上的塵土造人，將生氣吹在他鼻孔裏，他就成了

　　有靈的活人，名叫亞當。〔註26〕

　　耶和華吹了一口氣，人才成了真正有靈的活人。這種對人類起源的設定，不僅是後世西方靈肉二分的根據，而且導致了重靈輕肉的靈魂至上主義。這是一種身體內部的等級制。比較而言，在中國漢代神話中，雖然人的創造因爲只是對肉體的創造而避免了身體內部的靈肉等級劃分，但這種劃分卻在社會層面被凸顯了出來。按照應劭《風俗通義》的講法，女媧造人，有的親自用手摶土而造，有的用繩線切割而成。前者做工精細而後者粗製濫糙，從而

────────────

〔註26〕《聖經·創世記》。

導致了人在世間命運的巨大差異，即：前者富貴而後者貧賤凡庸。〔註 27〕這
種在人類創生時即奠定的形體的命運，一方面爲漢代社會的等級制度提供了
命定論的基礎，另一方面也與漢代盛行的骨相理論形成了呼應關係。

　　漢代創生神話，爲了避免陷入人生人的邏輯循環，在人與神之間採取了
諸種區隔方式。比如，強調神身體的特異性：人是「二足而無毛」的動物，
但「伏羲鱗身，女媧蛇軀。」〔註 28〕再如，強調神造人與人生子的不同：前
者造人的材質是土，後者則來自母腹的孕育；前者是夫妻的交合，後者則是
伏羲與女媧交尾。但是，就人身體的生產而言，這種神話明顯沒有徹底阻斷
人與神的類同性。伏羲女媧人首蛇身的形象，一方面使他們因與人體相異而
成爲一個他者，另一方面也必然會使人進一步追問他們的軀體又來自何處。
關於這一問題，其實屈原在《天問》中已有了一個十分重要的質疑，即：「女
媧有體，孰制匠之？」也就是說，女媧因爲身體的特異而成爲與人相異的族
類，但女媧的身體又是誰給予的呢？如果這一問題不能得到有效解答，那就
證明漢代創生神話關於人的來處的追問是不徹底的，它仍有待超越。

二、氣化論與身體的起源

　　人作爲一種形體性的存在物，他的起源必須從無形處作進一步的追尋。
關於這種以無形超越有形的必然性，我們可以參照《聖經》來理解。從《聖
經‧出埃及記》可以看到，基督教是反偶像崇拜的。它之所以反偶像崇拜，
重要的原因之一就是防止出現「物生物」的邏輯悖論。從這個角度講，漢代
神話雖然通過人與神的區隔爲人的創生找到了一個與人相異的他者，但這個
他者由於像人一樣擁有形體，仍然表現出了明顯的不徹底性。在這種背景下，
對人形而上起源的追問必然是繼續存在的，這就是從神話走向哲學，從經驗
和非理性的想像走向關於人及萬物本源的理性設定。

　　作爲對神話思維的哲學提升，漢代哲學，無論是儒家還是道家，由於受
稷下道家、《呂氏春秋》的影響，形成了一個比較統一的觀念，即氣化論。這
種氣化觀念，既不是神學的，也不是純粹形而上學的，而是宇宙論的。比較
言之，先秦老莊以道言創生，應屬純形而上學的性格。在漢代，董仲舒爲了

〔註27〕　《太平御覽》卷七十八引應劭《風俗通義》云：「俗說天地開闢，未有人民。
　　　　　女媧摶黃土作人，劇務，力不暇供，乃引繩於泥中，舉以爲人。故富貴者，
　　　　　黃土人也；貧賤凡庸者，人也。」
〔註28〕　王延壽：《魯靈光殿賦》。見《文選》卷第十一。

替大一統帝國建立君權神授的法統，將氣進一步凝聚爲人格神意義的天，這是神學的。而氣化觀念則明顯是懸於形而上的道論與神性的天之間。但是不管怎樣，漢代建立在宇宙論層面的氣化論，與漢代神話在肉身化的神靈世界爲人體的創生尋找起點的方式相比，明顯是從具象走向了抽象，實現了從有形世界向無形世界的一個大的躍升。這種躍升，我們可以稱之爲從人的神話起源走向哲學起源。

在漢代，建立在氣化論基礎上的人體起源觀念，《淮南子》有清晰的表述。如其《精神訓》云：

> 古未有天地之時，惟像無形，窈窈冥冥，芒芠漠閔，澒蒙鴻洞，莫知其門。有二神混生，經天營地，孔乎莫知其所終極，滔乎莫知其所止息。於是乃別爲陰陽，離爲八極，剛柔相成，萬物乃形，煩氣爲蟲，精氣爲人。是故精神者，天之有也；而骨骸者，地之有也。

> 夫精神者，所受於天也；而形體者，所稟於地也。故曰：一生二，二生三，三生萬物。萬物背陰而抱陽，沖氣以爲和。故曰：一月而膏，二月而胅，三月而胎，四月而肌，五月而筋，六月而骨，七月而成，八月而動，九月而躁，十月而生。形體以成，五藏乃形。

在這兩段話的開端，雖然作者將世界的起點推及到窈窈冥冥的洪荒時代，但這個起點並不能被等同於老子形而上的道，而更像一股陰陽不分的混沌之氣。它所謂的「無形」並不是一無所有，而是以「窈窈冥冥」的方式表現出的「有」。從身體的創生而言，氣分爲陰陽，擴散於宇宙（「八極」），然後剛柔相濟形成了萬物。其中的「煩氣」凝聚爲蟲，「精氣」凝聚爲人的身體。也就是說，氣不但是宇宙的本然存在狀態，而且是萬物和人的直接生成者。第二段從老子的「一生二」講起，這裡的「一」不是無，而是最原初的「有」，與第一段洪荒時代的混沌類似。《淮南子》講人的精神受於天，形體受於地，明顯是講陰陽二氣（分別對應於天地）是人的直接生成者。同時，有意思的是，《淮南子》從「充氣以爲和」接著講到人「一月而膏」，而沒有提及母親這一妊娠主體，這中間的哲學企圖是十分明顯的，即：跨越人的現實生產環節，直接完成與宇宙創生論的對接，從而將經驗層面的問題提升爲哲學問題。這樣，人最後「形體以成，五藏以形」，就好像不是母親孕育的結果，而是天地陰陽之氣和合的結果。

但是，這裡也就因此出現了一個問題：一方面人是由父母直接生產，另

一方面，廣義的人的生命又來自陰陽之氣的交合。這兩個起源如何實現有機的統一？對此，漢代哲學採取的是一「氣」貫穿到底的策略。按照他們對氣的分類比附方式，陰陽對應於天地（天爲陽，地爲陰），天生人的精神而地生人的形骸，於是有了人的身體整體；陰陽又對應於父母，父爲陽，母爲陰，於是父母合氣孕育了人。這中間，大自然對人類的整體孕育和父母通過合氣對人的個體的孕育，是一般與個別的關係。一般包含著個別，個別體現著一般。正如董仲舒講：「天地之陰陽當男女，人之男女當陰陽。」〔註29〕王充云：「天地，夫婦也。」〔註30〕夫婦「合氣」生子只不過是天地陰陽化育人體的具體體現。在漢代，以陰陽「合氣」解釋男女生育是一種普遍的觀念。如董仲舒云：「男女之法，法陰與陽。陽氣起於北方，至南方而盛，盛極而合乎陰。陰氣起於中夏，至中冬而盛，盛極而合乎陽。不盛不合。是故十而一俱盛，終歲而再合。」「天地之氣，不致盛滿，不交陰陽。是故君子愛氣而謹遊於房，以體天也。」〔註31〕與董子相比，王充則講的更直接：「夫天地合氣，人偶自生也。猶夫婦合氣，子則自生也。」〔註32〕在此，王充這句話還有一個問題需要注意：他將天地所生命名爲「人」，將父母所生命名爲「子」。這明顯是有意識地對人類起源問題與父母生子問題作了區隔：前者是哲學問題，後者是一個生理性的事實，或者說，「人」是一個哲學概念，而「子」是生理－倫理學概念。

既然父母合氣生子只不過是天地化育萬物這一個「一般」中的「個別」，那麼，父母對子女的孕育就不過是整個宇宙創生的微末組成，父母所「合」的氣也就不屬於他們自己，而屬於天地。這樣，父母只不過是天地之氣所憑附的載體，他在生子中所起到的作用，不過是對天地之氣的傳導。基於這種認識，王充才會講，人的產生，並不是由父母的主觀意願決定，而是「子則自生也」。當然，當他以哲學的徹底性否定了父母在生人中的主導作用的時候，所謂「孝」或對父母的感恩也必然一併被取消。也就是說，他對哲學起源論的歸依使人倫情感的基礎被消解。這種現象在中國先秦也是存在的。如莊子妻死「箕踞鼓盆而歌」。莊子之所以敲著瓦盆唱歌，原因就在於氣化論的身體觀，使他感到沒有必要爲原本爲氣的妻子哭泣。但對於王充來講，問題

〔註29〕《春秋繁露·循天之道》。
〔註30〕《論衡·奇怪篇》。
〔註31〕《春秋繁露·循天之道》。
〔註32〕《論衡·物勢篇》。

並沒有就此完結。在他看來，不但人的產生是與父母意願無關的自然現象，而且天地陰陽之氣對人的化育同樣是一種物理性的行為。這樣，所謂的「天地合氣」生人，其實也就等於是人聚合了陰陽之氣的自我生成（自身被給予）。

後人總是將王充的思想稱為唯物主義，在人體生成問題上，顯然是有道理的。我們可以將此稱為身體唯物主義。但同時必須看到的是，在漢代思想家的認識水平上，王充斬斷天人、母子之間由生育而起的情感聯繫和倫理關係往往面臨著更大的理論風險，即：將一個孤獨的個體拋於失去護祐的無助的世界。這種被拋的狀況可能導致兩種選擇，一是人的自律或自我立法，二是將身體交給天之外的更讓人無法把握的偶然性。從王充本人的選擇看，他顯然偏向於後者，即由天的信仰滑向了對鬼的迷信，〔註33〕從氣對人命運的決定滑向了骨相對人命運的決定。這種由唯物主義導致的人在世命運的無助和黑暗，確實讓人感到匪夷所思，但在漢代整體的思想背景下，這種思想走向卻具有必然性，即：一統性的天的權威被解構，既解放了人自身，也解放了曾長期被「天」壓制的各種怪力亂神。王充的身體唯物主義不幸選擇了後者。

三、氣化論與人體的形成

現在，讓我們重新回到漢代氣化論的問題。如前所言，在漢代思想中，天地萬物都被視為一氣運化的結果。這說明，氣不僅運化生成人身，而且生成各種自然物。那麼，漢代哲學如何在人與一般自然生命的創生上進行區隔、並進而確立人的獨特性呢？

首先，在漢代，一個比較統一的思想就是貴人，如董仲舒云：「人之超然萬物之上，而最為天下貴也。」〔註34〕桓譚云：「人抱天地之體，懷純粹之精，有生之最靈者也。」〔註35〕王充云：「倮蟲三百，人為之長。天地之性人為貴。」〔註36〕許慎云：「人，天地之性最貴者也。」〔註37〕為了確認這種思想的正當性，則必然要在哲學上為其建立理論根據。對此，《淮南子》認為，人之所以比動物在智力、身份等各方面具有優先性，原因在於他們稟

〔註33〕 可參照《論衡・訂鬼篇》和《論衡・紀妖篇》。
〔註34〕 《春秋繁露・天地陰陽》。
〔註35〕 《新論・正經》。
〔註36〕 《論衡・別通篇》。
〔註37〕 《說文解字》第八。

受的天地之氣有區別,即所謂「煩氣爲蟲,精氣爲人」。董仲舒則對這種「精氣」進行了解釋:「氣之清者爲精……治身者以積精爲寶。」〔註38〕從這種情況看,人與萬物雖同稟一氣,但氣的性質、質量卻造成了人與動物的區別。這種區別使人本主義思想成爲漢代儒家和道家共有的思想,也使他們與先秦道家基於道論的眾生平等思想產生了價值取向上的不同。

漢代哲學對人的優先性的強調,與其哲學在儒與道的相互薰染中走向現實人道關懷有關,也與封建帝國建構於等級制的政治體制有關。人與自然物之間等級制的建立,只不過是社會內部等級制建立的前奏。在漢代,爲這種社會等級制在哲學層面確立根據的是王充。如其所言:「人稟氣而生,含氣而長,得貴則貴,得賤則賤。」〔註39〕其中,聖人之所以爲聖人,是因爲他們稟受了天地的「和氣」,即:「天地氣和,即生聖人。」〔註40〕而一般人之所以沒有成聖,當然就是因爲沒有稟受這種天地的「和氣」。不僅如此,人稟氣的厚薄也會影響到體質強弱和壽命的長短,從而在生理學層面即可判明人的優劣。如王充言:「強壽弱夭,謂稟氣渥薄也。」「人之稟氣,或充實而堅強,或虛劣而軟弱。充實堅強者其年壽。虛劣軟弱,失棄其身。」〔註41〕由此,在人與自然之間的物種等級制,在社會層面的貴賤等級制,在生理層面的體格等級制,也就在氣化論上被全面做出了界說。這種思想使先秦道家以道論奠定的人與萬物平等的哲學理想主義,走向了爲封建等級制立法的哲學實用主義。

另外還需提及的是,同爲氣化論,漢代思想者對它的闡釋卻有一些重要的區別。這種區別,不僅表現在王充關於「氣生人」有沒有主觀故意的問題上,而且表現在氣的性質和氣的分類上面。比如,西漢思想者,如《淮南子》、董仲舒言及氣對人體的創造,均持陰陽二氣共同運化的觀點。但到了王充,氣的二元論則逐步發展爲氣的一元論。比如,萬物和人的孕育來自天地、夫婦的合氣,這一點王充也是承認的,但這種「合」在他看來,並不是兩種不同性質的氣的結合,而是天施氣地接受,父施氣母接受。如他所言:「天地,夫婦也。天施氣於地以生物。人轉而相生;精微爲聖,皆因父氣。」〔註42〕

〔註38〕 《春秋繁露·通國身》。
〔註39〕 《論衡·命義篇》。
〔註40〕 《論衡·齊世篇》。
〔註41〕 《論衡·氣壽篇》。
〔註42〕 《論衡·奇怪篇》。

這裡的「皆因父氣」，意味著母親的任務只是「受氣」，只是將「父氣」孕化成肉體的工具。而所謂的「元氣」，就是這種單由天或父所施的氣。從哲學上講，王充講身體之氣的一元性，是一種理論的進步，對氣的本體地位是一種加固。同時，這種氣的一元性，也可以有效避免人體內部各種氣之動能的矛盾衝突。如王充云：「天自當以一體之氣生萬物，令之相親愛；不當令五行之氣，反使相賊害也。」〔註43〕但同時必須看到，人體之氣多元性的喪失也極易導致對身體的專制。中國文化自春秋時期即講「和而不同」，這種觀念，當然也包括對人的身體的理解。王充對人體只講「同」而不講「和」，而且將身體的起源首先歸於「父氣」，然後歸於從天而來的「元氣」，這不僅是從理論上貶損了大地、母親的作用，而且關鍵在於，這種元氣對身體的專制，必然轉化為天對人的身體的專制，政治文化的專制主義思想也必然緣此而生。

但是，撇開由身體專制導致文化專制的危險性，按照哲學總是試圖在現象背後為事物尋找更根本決定因的上昇邏輯，我們就能夠理解王充提出元氣論的更深層用意。前面曾經說過，漢人將氣分為陰陽，陰陽演化為五行，五行進一步運化為包括人在內的萬物。這種關於身體的發生論，雖然與神話相比是一種哲學的進步，但這種進步又明顯是不徹底的。首先，以陰陽為人的創生定位，也就意味著陰陽這個「二」背後仍然存在著一個「一」，只有「一」才能夠成為更根本的決定因。但是，按照漢代人在經驗中尋求超越、依據現象尋求抽象的創生邏輯，人的創造有父母兩個主體，萬物的創造有天地兩個主體，這樣，在本體的進一步追問中，就必須將次要的決定因捨棄，而保留其更根本的決定因。在這種背景下，王充省略母親的作用，而單講「父氣」，或者撇開陰陽、五行之氣的對立，講更根本的「元氣」，就是有意義的。其次，王充講到「元氣」，哲學的任務並沒有就此完結。這是因為，氣是存在於宇宙之內的動能，有這種動能的存在，就必然意味著有產生這種動能的東西在。或者說，世間有氣存在，就必然有施氣者存在。從這個角度講，氣化論的哲學——不管是講陰陽還是講元氣——都不可能是一種徹底的形而上學。那麼，這元氣的使動者是什麼？要解決這一問題，就必須在氣背後確立一個「生氣」的東西。在漢代，這種「生氣」的東西被認定為天。

〔註43〕《論衡·物勢篇》。

四、身體的形而上學

但是，天是什麼？它是物理意義上的空間的無限廣延，還是倫理意義上的化育萬物的終極的善？它是一種作為萬物背後決定因的實體，還是由於外部世界超出了人的認知範圍而強行命名的一個概念？對先秦哲學及至《淮南子》，它什麼都是，也什麼都不全是。所謂全是，是指天兼有以上列舉的諸種性質；說它什麼都不全是，是因為沒有誰明確認定它具有其中的某一種性質。也就是說，天這個概念本身是模糊的，它代表了一切人無法認知的自然現象和自然力量的集合。

也許，哲學的意義就在於它的模糊，這種模糊不但可以使它在真知與玄想之間進退自如，而且也可以讓人理智地意識到任何知識都有其不可跨越的界限。但是對於現實的實踐者而言，它卻要求將模糊兌現為清晰，因為只有清晰才可以使理論形態的東西具有可操作性。在漢代，真正將天以及天人相生關係清晰化的是董仲舒。他這樣做的原因很簡單，就是儒學經他開始成為漢代的官方哲學，他必須通過天人關係的準確定位，以及天人相生秩序的確立，為大一統帝國建構社會秩序提供理論依據。

按照董仲舒設定的天人秩序，天是人的父親，地是人的母親，「天地者，萬物之本，先祖之所出也。」〔註44〕這樣，原本不可把握的天地也就在對人倫的模擬中獲得了直觀形式。那麼，董氏又是如何將天地共同對人的化育轉化為以天為人獨一的來源呢？在他看來，人是「天生之，地養之」，〔註45〕也就是說，是天給了人生命，大地只不過是將這生命養育成人。這樣，天和地在生人時的共同作用也就進一步被定位為天對人的更本源的作用。但是，在董仲舒設定的創生秩序中，也難以迴避一個矛盾，即：一方面說天是人的父親，但另一方面人在世間卻有一個更真實存在的父親。對於這一問題，董仲舒也是採取了人的現實生產和本源創造的區隔方法。如他所言：「為生不能為人，為人者天也。人之人本於天，天亦人之曾祖父也。」〔註46〕也就是說，一般的父親所給予的只是一個現實中具體的生命（「為生」），而不能為人提供一個根本的來處，只有天才是人真正的本源。那麼，如何協調這種父生人與天生人的關係呢？董仲舒認為，對人的理解應分兩種，一是現實的人，一是

〔註44〕《春秋繁露・觀德》。
〔註45〕《春秋繁露・立元神》。
〔註46〕《春秋繁露・為人者天》。

作為人類最早祖先的人（「人之人」）。這個祖先必然不能為人所生，否則他就不能被稱為祖先。這樣天也就成了人類異質的祖先。在此，由於人在現實中有一個實存的父親，又在人類起源處有一個共同的父親，所以天也就成了人的曾祖父（「天亦人之曾祖父也」）。

從以上分析不難看出董仲舒從經驗向形而上躍升的努力。這種努力將人的起源從陰陽二氣、元氣進一步推進到了作為施氣者的天。這中間，對於每一個現實中實存的人而言，他可以以天為曾祖父，但對於整體的人類來講，天則是人共同的父親。按照他的三段論推理也講的通：「父者子之天也；天者，父之天也。」〔註 47〕也即：兒子的天是父親，父親的、或者說父親的父親……的「天」是天，所以天也就成了父親和兒子或整個人類共同的父親。正是基於這一點，他認為，皇帝被稱為天子，就是天之子，他應該「視天為父，事天以孝道」，〔註 48〕應該「視天與父同禮」。〔註 49〕在此，如果我們認定父親是一個具體的存在，那麼天也就在對父親的模擬中，獲得了直觀形式，即所謂「察身以知天」。〔註 50〕同時，既然天和父親都是人的父親，那麼人就應該像對父親盡孝盡禮一樣，以孝和禮對待天。

儒學自漢武帝之後獲得的官方哲學地位，以及董仲舒帝王師的身份，使他關於身體的形而上定位成為橫跨兩漢的主流觀點。從《白虎通義》這部類似於近代憲法性質的文本中也可以看到這一點。如其中云：「天子者，爵稱也。爵所以稱天子何？王者父天母地，為天之子也。」〔註 51〕那麼，董子的天是一種什麼性質的天？從他以父子模擬天人、以禮與孝事天的情況可以看出，一方面，這種天在對陰陽二氣、元氣的超越中，確實是在更高的基點上為人定位，另一方面，它則帶有鮮明的倫理性質。董氏「立天」的目的是為儒家的道德體系尋找形而上的合法性，附帶也為人的倫理屬性確立了形而上的根源。從他關於天人相副、同體的思想看，他的天不但有人之情，而且有人之形。這是一種身體性、意志性的天，具有鮮明的神學性質。以此為基礎建構的人的身體，必然也在對天的模擬中具有了神性。

比較而言，王充這位「疾虛妄、致誠實」、喜歡和主流唱反調的思想者，

〔註 47〕　《春秋繁露·順命》。
〔註 48〕　《春秋繁露·深察名號》。
〔註 49〕　《春秋繁露·堯舜不擅移、湯武不專殺》。
〔註 50〕　《春秋繁露·郊語》。
〔註 51〕　《白虎通義》卷一《爵》。

則有對董仲舒的觀點進行「校正」的性質。在他看來，天是一個有堅度的實體，它一方面通過「施氣」生人，另一方面天人之間卻不會建立什麼基於道德情感的聯繫。也就是說，這種天不是倫理性的，而是物理性的。〔註52〕同時，和董仲舒通過模擬賦予天以人體的形式不同，他一方面認為天有形體，另一方面又認為天距離人太遠、無人能見。如他所言：

> 子韋之言：「天處高而聽卑，君有君人之言三，天必三賞君。」夫天，體也，與地無異。諸有體者，耳咸附於首。體與耳殊，未之有也。天之去人，高數萬里，使耳附天，聽數萬里之語，弗能聞也。人坐樓臺之上，察地之螻蟻，尚不見其體，安能聞其聲。何則？螻蟻之體細，不若人形大，聲音孔氣，不能達也。今天之崇高，非直樓臺，人體比於天，非若螻蟻於人也？〔註53〕

據此，他甚至用神秘的語氣，對天與人的距離作出了臆測：

> 秘傳或言天之離天下六萬餘里，數家計之，三百六十五度一周天。〔註54〕

從這面兩段話可以看出，王充承認天是體，而且既然是體，就可以與人體模擬。它之所以無法和人發生關聯，關鍵在於它距離人類生活的世界太遠。從這種情形可以看出，無論是董仲舒講天人相感也好，還是王充講天人不相感也罷，其荒謬性是一致的。所以，董子和王充對討論身體的形而上起源的價值，只在於完成了一種從「氣」向「體」的提升。同時，這種提升不但沒有到達理論的終點，反而又導致了向實相的下降。這裡，且不說他們將施氣的「體」視為人體的笨拙想像力，而且即便理解為一種物質實體也與形而上的本體存在距離。這是因為，人體作為有形的形體，如果他的創造者也是有形體的，那麼對人的認識就依然會陷入「有形生有形」的邏輯循環。也就是說，這種認識依然是宇宙論的，而非本體論的。

也許，哲學的進展就是在虛與實、有與無的交錯中進行的。先秦哲學因老子的道論而達到本體論的高度，到漢代回歸到感性的宇宙論。但到了魏晉時期的玄學，向「有」下降的氣和天又反過來向無還原（如王弼的「以無為本」）。從這個角度看，漢代趨於實相的、追求對事物進行科學解釋的哲學，

〔註52〕 即便王充認為天有身體，但由於這種身體無意志、無情感、不與人發生任何聯繫，它也是一種物理性的身體。

〔註53〕 《論衡‧變虛篇》。

〔註54〕 《論衡‧談天篇》。

也自有其價值。同時，沒有這種感性化的哲學和美學取向，也就沒有了可以討論的同樣感性的身體。也就是說，漢人追尋身體形而上起源的努力雖然留下的是一個殘局，但這種理論的笨拙卻賦予了身體別樣的意義。

第三節　天人相副與天人感應

一、從天人合一到天人同體

　　馬克思在《1944 年經濟學——哲學手稿》中指出：「自然界，就其不是人的身體而言，是人的無機的身體，人靠自然界生活。這就是說，自然界是人為了不致死亡而必須與之不斷交往的、人的身體。所謂人的肉體和精神生活同自然界相聯繫，也就是等於說自然界同自身相聯繫，因為人是自然界的一部分。」〔註 55〕中華民族是一個起於農耕的民族，自然不但是人獲取生存資料的對象，而且是情感的對象。這種情感，既包括對自然的敬畏和感謝，也包括將其作為審美和藝術活動的主要對象。人以情感把握自然，其基本的方式就是「以己度物」，即：將個體生命所具有的特點賦予對象，從而使自然生命化、人格化，甚至身體化。這種方式在現代被美學家稱為自然的人化，在人的認識能力尚不發達的古代，則表現為物活論，即：人不單出於審美的目的賦予自然有情、有性的屬性，而且真誠地相信這些屬性就在自然本身。從這種分析看，馬克思在《手稿》中固然是以比喻性的語言稱自然是人「無機的身體」，但在古代社會，人卻是真誠地相信自然就是以身體性的方式與人建構關係。而且，這自然的身體不是無機的，而是像人一樣有機、有生命、有情感。

　　人既為自然化育、從自然中獲得生活資料，又是自然的有機組成部分。這種關於人與自然關係的定位，使天人合一成為中國哲學和美學的基本思想，也使對天人關係的考察成為一切哲學立論的起點。如董仲舒云：「視前世已行之事，以觀天人相與之際，甚可畏也。」〔註 56〕司馬遷云：「究天人之際，通古今之變，成一家之言。」〔註 57〕宋邵雍云：「學不際天人，不足以謂之學。」〔註 58〕但是，在中國古代哲學和美學中，由於不同時代思想家的理論進路不

〔註 55〕《馬克思恩格斯全集》第 42 頁，人民出版社 1979 年版，第 95 頁。
〔註 56〕《漢書・董仲舒傳》。
〔註 57〕《報任安書》。
〔註 58〕《皇極經世書・觀物外篇下》。

同，對這一問題的認識和解讀往往有很大差異。比如漢代哲學，以氣貫通天人，與先秦老莊哲學以道貫通天人、宋明理學的「理一分殊」之論就有區別。這種差異，使漢人的天不像老莊之道和宋學之理那樣抽象，更易成爲具體可感的對象，天與人的關係也因此更緊密。就其具體可感而言，就是將天設想爲像人一樣有情感、有意志、有形質的實體。這種建立在「以己度天」基礎上的設想，不但拉近了天與人的距離，而且使天人的互動成爲可能。

天是什麼？關於這一問題，韓嬰在其《韓詩外傳》中曾記載了一個有趣的問答：

> 齊桓公問於管仲曰：「王者何貴？」曰：「貴天。」桓公仰而視天。管仲曰：「所謂天，非蒼莽之天也。」〔註59〕

這說明，基於克服對外部世界陌生感或爲塵世生活立法的需要，中國古代思想者談到天，總是有所寄予的，而非將其視爲物理性的自然之天。爲了充分實現意義的寄予，可以設想天像人一樣有情感意志，但最直觀的方式莫過於設想天像人一樣有一個感性的身體。在漢代，雖然到王充才試圖在理論上澄清天是氣還是體，但以身類天、使天獲得人體化的感性形式的努力，卻至少始於《淮南子》。同時，如果我們可以認定《黃帝內經》的相關章節早於《淮南子》，那麼這種努力則又可進一步推到《黃帝內經》。如其所言：

> 惟賢人上配天以養頭，下象地以養足，中傍人事以養五藏。天氣通於肺，地氣通於嗌，風氣通於肝，雷氣通於心，谷氣通於脾，雨氣通於腎，六經爲川，腸胃爲海，九竅爲水注之氣。……故治不法天之紀，不用地之理，則災害治矣。〔註60〕

> 黃帝問曰：余聞天以六六之節，以成一歲，人以九九制會，計人亦有三百六十五節，以爲天地久矣。不知其所謂也。歧伯對曰：昭乎哉問也，請遂言之。夫六六之節，九九制會者，所以正天之度、氣之數也。天度者，所以制日月之行也；氣數者，所以紀化生之用也。〔註61〕

從這兩段話看，在秦漢之際，爲了使天人關係更直觀清晰，人們不僅在兩者之間尋找意義的互動和關聯，而且進一步將互動的雙方訴諸直觀形式，

〔註59〕《韓詩外傳》卷四。
〔註60〕《黃帝內經·陰陽應象大論篇》。
〔註61〕《黃帝內經·六節藏象論》。

形成一一對應關係。其中，賢人「配天以養頭、象地以養足」之論，雖然還沒有直接說天爲頭、地爲足，從而使世界成爲一個人體形式，但就人從自身出發認識世界而言，賦予自然以人體的形式，卻是其必然的趨向。在《六節藏象論篇》中，《內經》以人的「三百六十五節」模擬天的「六六之節」，這種以身體爲模型建構世界的意向已表現得相當明顯。可以認爲，中國古代醫學對人體結構的認知，爲天人同構關係的建立提供了基礎。同時，人身體的疾患總是在與外部世界的交互感應中發生，比如人體的濕熱與外部氣候、身體狀況與攝入的營養之間有密切關係。從這個角度看，醫學對雙方互動關係的經驗性認知，爲漢代以人類天之觀念的哲學闡發提供了實證基礎。

　　與《黃帝內經》相比，《淮南子》對於天人相類的表述更明確，也更系統。這可能與《淮南子》的作者既有哲學修養又兼通醫學有關。如其中云：

> 夫精神者，所受於天也；而形體者，所稟於地也。……故頭之圓也象天，足之方也象地。天有四時、五行、九解，三百六十六日。人亦有四支、五藏、九竅，三百六十六節。天有風雨寒暑，人亦有取與喜怒。故膽爲雲，肺爲氣，肝爲風，腎爲雨，脾爲雷，以與天地相參也，而心爲之主。是故耳目者，日月也；血氣者，風雨也。

〔註62〕

　　按照《淮南子》的類比，人有耳目，天有日月，日月也就因此成了天的耳目；人有血氣，天有風雨，風雨也就成了天的血氣；人有膽肺腎肝脾，天有雲氣風雨雷，雲氣風雨雷因此成了天的臟器。依此類推，風雨寒暑是天的四種情感，三百六十六日是天的骨節、八方加中央是天的九竅，金木水火土是天的五臟，春夏秋冬是天的四肢，圓型的天空是天的頭，方的大地是天的足。至此，原本物理性的世界完成了身體性的改造，所謂自然的人化，也在這種模擬中更具體地體現爲自然的身體化。

　　莊子云：「世俗之人，皆喜人之同乎己而惡人之異於己也。同於己而欲之，異於己而不欲者，以出乎眾爲心也。」〔註63〕《淮南子》將對象世界想像爲人的身體，是這種喜同惡異的心理欲求的典型體現，從中也可以看出中國人往往基於個體意願認識世界的特點。這種認識方式所建構的世界雖然與世界的實存有嚴重的偏離，但它卻有效克服了世界的異己性，使人與世

〔註62〕　《淮南子‧精神訓》。
〔註63〕　《莊子‧德充符》。

界在同構中展示出充滿人道精神的圖景。英國經驗主義哲學家霍布士曾講：「在思想的承續中，人們對他們所想的事物只注意到兩方面：它們彼此相類似或不相類似……能看出旁人很少能看出的事物間的類似點，這種人就算是……有很好的想像力。能看出事物間的差異和不同，就要靠在事物中進行分別，辨識和判斷，在不易辨識的地方能辨識，這種人就算是有很好的判斷力。」〔註64〕也就是說，人總是用想像力來求同，用判斷力來辨異。從霍布士的這種論斷看，漢代將一般意義上的天人合一思想進一步推進到天人同構或天人同體的層面，其思維方式的根源依然是基於一種想像的邏輯。這種推進雖然使原本哲學化的一般判斷在追求具體對位中表現出機械性，但它依然是對世界詩性的、審美化的理解。同時，在遵循想像的邏輯求同和遵循理性的邏輯辨異之間，極難分清哪種方式對世界的把握更正確。如莊子云：「自其異者視之，肝膽楚越也；自其同者視之，萬物皆一也。」〔註65〕「同類相從，同聲相應，固天之理也。」〔註66〕而且更重要的是，哲學的價值有兩個判斷標準：一是對事物認識的合規律性，一是合目的性。漢代的天人同體可能因過於追求具體而陷入機械和荒謬，但它卻使異己的世界變成了一個為人而在的世界，甚至是按照人的身體造型的世界。這種世界因與人同體而變得可親可愛，因其可親可愛而合乎了人求善求美的目的。

二、董仲舒論「天人相副」

在漢代，將天人同構或同體理論發展到極致的是董仲舒。與道家從人與自然的類同中體悟到無為的存身之道不同，董仲舒從中找出了有為的路徑。先秦儒家，尤其是孔子，是「罕言天道」的。如子貢云：「夫子之文章，可得而聞也；夫子之言性與天道，不可得而聞也。」〔註67〕到了孟子、荀子及《大學》、《中庸》，人性的問題得到了充分的討論，但天的問題依然沒有得到充分的關注。一般而言，哲學的根基有二，一是人性的根據，一是天的根據。董仲舒對於儒學的最重要貢獻，就是為儒學建立了天的依據，或者說將儒家關於人倫與社會關係的經驗性判斷納入到了一個形而上的框架。班固云：「董仲

〔註64〕霍布士：《巨鯨》第八章。見朱光潛：《西方美學史》（上卷），人民文學出版社1994年版，第207頁。
〔註65〕《莊子‧德充符》。
〔註66〕《莊子‧漁父》。
〔註67〕《論語‧公冶長》。

舒治《公羊春秋》，始推陰陽爲儒者宗。」〔註68〕正是將董子爲儒家補形而上學視爲他的主要貢獻。

那麼，董仲舒理解的天是什麼，它和人如何建構關係？下面看《春秋繁露》中的一段話：

> 天地之精所以生物者，莫貴於人。人受命乎天也，故超然有以倚。物疢疾莫能爲仁義，唯人獨能爲仁義；物疢疾莫能偶天地，唯人獨能偶天地。人有三百六十節，偶天之數也；形體骨肉，偶地之厚也。上有耳目聰明，日月之象也；體有空竅理脈，川谷之象也；心有哀樂喜怒，神氣之類也。觀人之體一，何高物之甚，而類於天也。物旁折取天之陰陽以生活耳，而人乃爛然有其文理。是故凡物之形，莫不伏從旁折天地而行，人獨題直立端尚，正正當之。是故所取天地少者，旁折之；所取天地多者，正當之。此見人之絕於物而參天地。是故人之身，首妾而員，象天容也；髮，象星辰也；耳目戾戾，象日月也；鼻口呼吸，象風氣也；胸中達知，象神明也；腹胞實虛，象百物也。百物者最近地，故要以下，地也。天地之象，以要爲帶。頸以上者，精神尊嚴，明天類之狀也；頸而下者，豐厚卑辱，土壤之比也。足布而方，地形之象也。……天地之符，陰陽之副，常設於身，身猶天也，數與之相參，故命與之相連也。天以終歲之數，成人之身，故小節三百六十六，副日數也；大節十二分，副月數也；内有五藏，副五行數也；外有四肢，副四時數也；乍視乍瞑，副晝夜也；乍剛乍柔，副冬夏也；乍哀乍樂，副陰陽也；心有計慮，副度數也；行有倫理，副天地也。此皆暗膚著身，與人俱生，比而偶之弇合，於其可數者，副數；不可數者，副類。皆當同而副天，一也。〔註69〕

在這節引文中，董仲舒從象和數兩方面，對天的「體徵」以及天與人身體的類同性進行了細緻的類比。除了這些類比之外，他也附帶解決了如下問題：首先，世界上存在著各種各樣的生命形態，爲什麼「人獨偶天地」？在董仲看來，天地中所生的一切生物，人是最尊貴的。人之所以最尊貴，是因爲他形體高大，直立行走，形象正大光明；動物之所以卑賤，是因爲它形體

〔註68〕《漢書・五行志》。
〔註69〕《春秋繁露・人副天數》。

低矮，趴在地上行走。這種形體的差異證明，人從天地得之甚多，而動物從天地得之甚少。只有從天得之甚多的生命，即人，才最有資格與天地相類。同時，人因為從天地得到的最多，他也像天地一樣具有了仁義之性，這也使他比動物更尊貴。其次，董仲舒，包括《淮南子》講天人相副，其實講的都不單單是人與天的關係，而是人與天地的關係。那麼，董仲舒和《淮南子》為什麼只講人副天數，而不講人副「天地」之數呢？顯然，這與漢代陰陽五行學說對地的定位有關。從這段話來看，董仲舒其實將人分成了兩部分：人體的上半部「精神尊嚴」，所以與天相類；人體的下半部「豐厚卑辱」，所以與地相類。這樣，雖然人在整體上與天地相副，但人之為人決定性的部分，或者說人與禽獸相區別的部分，集中在上半身。由此天也就成了人應關注的中心，而「人副天地之數」，也就在這種尊天卑地、尊陽卑陰的觀念主導下被簡化為「人副天數」了。第三，人與天的類同，不但表現在形體上，而且也體現在自然界的時序變化所對應的人類情感諸方面（這一點，《淮南子》也有涉及）。比如，人的四肢與四季相副，人的哀樂與陰陽相副等。

　　比較言之，人體與天體徵上的相類，是空間性的、靜態的，人與四季在情感上的相類則是時間性的、動態的。顯然，只有呈現為動態，才會使人體和天體共同成為活躍的生命，才會使天成為有情感、有意志的天。從下面引文可以看到，董仲舒對天的情感和意志屬性的界定，主要體現在對人類情感和四季變化的類比上，比如：

> 人之形體，化天數而成；人之血氣，化天志而仁；人之德行，化天理而義。人之好惡，化天之暖清；人之喜怒，化天之寒暑；人之受命，化天之四時。人生有喜怒哀樂之答，春秋冬夏之類也。喜，春之答也；怒，秋之答也；樂，夏之答也；哀，冬之答也。〔註70〕

> 春氣愛，秋氣嚴，夏氣樂，冬氣哀。愛氣以生物，嚴氣以成功，樂氣以養生，哀氣以喪終，天之志也。是故春氣暖者，天之所以愛而生之；秋氣清者，天之所以嚴而成之；夏氣溫者，天之所以樂而養之；冬氣寒者，天之所以哀而藏之。〔註71〕

> 春愛志也，夏樂志也，秋嚴志也，冬哀志也。故愛而有嚴，樂

〔註70〕《春秋繁露·為人者天》。
〔註71〕《春秋繁露·王道通三》。

而有哀，四時之則也。喜怒之禍，哀樂之義，不獨在人，亦在於天；
而春夏之陽，秋冬之陰，不獨在天，亦在於人。……故曰：天乃有
喜怒哀樂之行，人亦有春秋冬夏之氣者，合類之謂也。〔註72〕

　　春，喜氣也，故生；秋，怒氣也，故殺；夏，樂氣也，故養；
冬，哀氣也，故藏。四者，天人同有之，有其理而一用之。〔註73〕

　　人與天形體的相似給人提供的是天人相副的直觀形式，而內在情感的相
似則涉及到形式包裹著的內容。只有兩者合一，才是董仲舒對天之身體化的
整體看法。另外還需注意的是，這種情感之天如果是喜怒無常的，明顯也不
符合儒家對其道德上的要求，所以它一方面保持著對人的絕對威嚴，另一方
面又必然體現出天德和情感變化的規律性。關於這一問題，董仲舒依然是通
過天人類比得出結論。如其所言：「人之誠，有貪有仁。仁貪之氣，兩在於身。
身之名，取諸天。天兩有陰陽之施，身亦兩有貪仁之性。天有陰陽禁，身有
情欲栣，與天道一也。是以陰之行不得干春夏，而月之魄常厭於日光。乍全
乍傷，天之禁陰如此，安得不損其欲而輟其情以應天。天所禁而身禁之，故
曰身猶天也。禁天所禁，非禁天也。必知天性不乘於教，終天能栣。」〔註74〕

　　這段話可分兩點理解：首先，人的善惡體現為貪和仁，天的善惡體現為
陰和陽。在董仲舒看來，天不允許陰氣犯春夏、代表陽的日光總是壓倒月光，
並總是讓月亮出現缺傷，這是天抑惡揚善的明證。從這個角度看，天雖然包
含著惡但仍以善為主導。其次，陰陽是天之用，但不是天之體。天所謂的禁
陰，並不是天本身有陰或惡的存在，而是天的衍生物（陰、陽）才分出了善
惡。就此而論，天就是一個超越善惡之上的終極範疇（「禁天所禁，非禁天
也」），它不可以被用善惡這種第二性的概念來定位或討論。但如果非要用善
惡為天定性，那麼從天禁陰（惡）的屬性看，天就代表了絕對的善（「仁之美
者在於天。天，仁也。」〔註75〕「仁，天心」〔註76〕），具有禁惡揚善的威嚴。
正如董子所言：「天高其位而下其施，藏其形而見其光。高其位，所以為尊也；
下其施，所以為仁也；藏其形，所以為神；見其光，所以為明。故位尊而施

〔註72〕　《春秋繁露・天辨在人》。
〔註73〕　《春秋繁露・陰陽義》。
〔註74〕　《春秋繁露・深察名號》。
〔註75〕　《春秋繁露・王道通三》。
〔註76〕　《春秋繁露・俞序》。

仁，藏神而見光者，天之行也。」〔註77〕

三、董仲舒論「天人相感」

天，既然有與人一樣的形體、情感和道德意志。在董仲舒看來，它必然會與人發生感應。如他所言：「百物去其所與異，而從其所與同。故氣同則會，聲比則應。」爲了論證這一點，他列舉了一系列自然現象，如「馬鳴則馬應之，牛鳴則牛應之……天將陰雨，人之病故爲之先動，是因相應而起也；天將欲陰雨，又使人欲睡臥者，陰氣也；有憂，亦使人睡臥者，是陰相求也；有喜者，使人不欲臥者，是陽相索也。」〔註78〕按照這種「同類相感」的原則，人間美好和醜惡的事情必然得到天相應的響應——「美事召美類，惡事召惡類……帝王之將興也，其美祥亦先見；其將亡也，妖孽亦先見，故物以類相召也」。〔註79〕至此，人與天的關係，就不僅僅是物理性的形體相副的問題，而且是情感、意志上的相通和互動問題。這種相通和互動，被董仲舒稱爲天人感應。

這種自然與人同類相感的思想，帶有相當的神秘色彩。從中國歷史上看，商代的甲骨卜辭就是尋找這種天人互動關係的遺產，《易經》則是要尋找這種互動的一般規律。另外，在秦漢之際的《中庸》中，也有這樣的話：「至誠之道可以前知。國家將興，必有禎祥；國家將亡，必有妖孽。見乎著龜，動乎四體。禍福將至，善必先知之；不善，必先知之。」〔註80〕但是，董仲舒無疑對這種思想的最後形成起了最重要的作用，這是因爲，他不但從理論上解決了天人爲何相感的問題（因爲同類，所以相感），使散亂的人天經驗理論化、系統化，而且將天人感應泛政治化，使原本無聲無嗅的天道成爲對人事做出實時反應並給予強大制約的力量。如其所言：

> 臣謹按《春秋》之中，視前世已行之事，以觀天人相與之際，甚可畏也。國家將有失道之敗，而天乃出災害以譴告之，不知自省，又出怪異以警懼之，尚不知變，而傷敗乃至。〔註81〕

> 凡災異之本，盡生於國家之失。國家之失乃始萌芽，而天出災

〔註77〕《春秋繁露・離合根》。
〔註78〕《春秋繁露・同類相動》。
〔註79〕《春秋繁露・同類相動》。
〔註80〕《中庸》第 24 章。
〔註81〕《漢書・董仲舒傳・天人三策》。

害以譴告之；譴告之而不知變，乃見怪異以驚駭之，驚駭之尚不知畏恐，其殃咎乃至。以此見天意之仁而不欲陷人也。〔註82〕

將有失道之治敗，而天乃先出災異以譴，而傷敗乃至。〔註83〕

上下不和，則陰陽繆戾而妖孽生矣。此災異所緣而起也。〔註84〕

王正則元氣和順、風雨時、景星見、黃龍下。王不正，則上變天，賊氣並見。〔註85〕

王者於臣無禮，貌不肅敬，則木不曲直，而夏多暴風；……王者言不從，則金不從革，而秋多霹靂；……王者視不明，則火不炎上，而秋多電；……王者聽不聰，則水不潤下，而春夏多暴雨；……王者心不能容，則稼穡不成，而秋多雷。〔註86〕

從這些引文可以看出，天與人之間並不僅僅是一般的相感，更重要的是天對人事之善惡的獎懲。在此，感應是現象，獎懲是手段也是目的。按照董仲舒設定的上天對人事做出反應的程序，首先，人事的非合理狀態會帶來自然的反常，即陰陽運動秩序的混亂，如「王者於臣無禮，貌不肅敬，則木不曲直，而夏多暴風」等。這種自然的反常被人認為有妖孽出現，對人現實生活的影響就是發生自然災害，導致「稼穡不成」。這時，如果人有所覺悟和反省，及時修正自己的行為，上天的警告可能適可而止，否則就會出現各種怪異的現象，如「日為之食，星隕如雨，雨螽，沙鹿崩……隕石於宋五，六鶂退飛……地震，梁山崩，壅河，三日不流。晝晦。彗星見於東方，孛於大辰」，〔註87〕等等。進而言之，如果對這種警告仍置之不理，那麼必然會進一步出現國亡主滅的大災難。在此，董仲舒將天對人事的壓力分成了兩類，前者，如「木不曲直，夏多暴風」之類稱為災；後者，如「日為之食，星隕如雨」稱為異。即「天地之物有不常之變者謂之異，小者謂之災」。按照天做出反應的順序，它總是由輕及重，不斷加大警告的力度——「災常先至而異乃隨之。災者，天譴之也；異者，天之威也。譴之而不知，乃畏之以威。」〔註88〕

〔註82〕 《春秋繁露·必仁且智》。
〔註83〕 《漢書·董仲舒傳·天人三策》。
〔註84〕 《漢書·董仲舒傳·天人三策》。
〔註85〕 《春秋繁露·王道》
〔註86〕 《春秋繁露·五行五事》。
〔註87〕 《春秋繁露·王道》。
〔註88〕 《春秋繁露·必仁且智》。

　　至此，董仲舒講天人感應的目的已變得相當明確，即人瞭解自然的目的在於規範人的現世行為，使之符合儒家的倫理規範。這正是董子雖然言天道，但最終仍歸於儒的原因所在。在封建時代，知識分子是一個遊移於官方和民間的獨特階層，他具有強烈的社會責任，但這種責任必須通過官方和民間來實現。其中，對於人民，他可以通過禮樂教化使其變得文明；對於統治者，教育手段則表現出局限性，因為統治者手中不受制約的權力使他有充分的理由蔑視教育者。在這種背景下，董仲舒捏造的新權力主體，即天的出現就是重要的。它在統治者的社會權力之上加上了來自自然的威權，從而將統治者原本不可制約的權力置於一個更絕對、更具無限性的權力主體的覆蓋之下。這樣，先秦儒家一直沒有處理好的對統治者進行規訓的問題，到董仲舒這裡被用一種近於神學的方式解決了。

　　董仲舒認為，一般天降之災異，人都可以通過規範現世行為而有效規避，但除此之外，還有一些東西來自命運，則非人力可以左右。如他所言：「有非人力所能致而自至者，此受命之符也」。〔註89〕這裡的「受命之符」，就是來自自然的關於個人或國家命運的預兆。這預兆可能是好的，如劉邦母親懷孕時，曾「見蛟龍於其上」；〔註90〕也可能是壞的，如孔子「西狩獲死麟」。〔註91〕但董仲舒認為，無論是人力不可改變之命運，還是人力可改變之災異，都是可察知的。察知的方法就是對預兆的解讀。但是，由於這些預兆潛存於日常生活和自然現象之中，並不是人人都可瞭解。只有具有上上之智的聖人才能做到這一點。如其所言：「惟聖人能屬萬物於一而繫之於一元也」，〔註92〕「天地神明之心，與人事成敗之真，固莫能見也，唯聖人能見也」。〔註93〕那麼，聖人如何、為什麼就能知道呢？對此，董仲舒主張存而不問。如他所言：「問聖人者，問其所為而無問其所以為也。問其所以為，終弗能見，不如勿問。問為而為之，所不為而勿為，是與聖人同實也，何過之有？」〔註94〕但是，從《呂氏春秋》、《淮南子》到董仲舒，可以發現，這

〔註89〕　《漢書·董仲舒傳·天人三策》。
〔註90〕　《史記·高祖本紀》。
〔註91〕　董仲舒云：「西狩獲死麟，孔子曰：『吾道窮矣。』」（見《春秋繁露·隨本消息》，又見《論衡·指瑞篇》）。
〔註92〕　《春秋繁露·重政》。
〔註93〕　《春秋繁露·郊語》。
〔註94〕　《春秋繁露·郊語》。

種知天命的途徑依然是存在的，即聖人可以通過「察身以知天」。〔註95〕

　　那麼，既然命運可以察知，董仲舒為什麼又反對一般人追問察知命運的方法呢？顯然，除了故作神秘或對知識的壟斷之外，這應該和他要實現的哲學、道德任務以及對預言者個人命運的關切有關。如果統治者知道所謂符瑞和災異的預測來自對統治者政治行為的觀察，這不但會讓人懷疑預言的神聖性，而且會被認為是儒者假借天的名義對現實政治進行攻擊和譴責──輕則被認為是無意義的附會，重則可能引來殺身之禍。〔註96〕這樣，如果要確立預言的神聖性，就必須反過來遵循「察天以知人」的途徑，即遵循自上而下的道路。但是，像「察身以知天」會威脅到預言的神聖性、并給預言者帶來危險一樣，這種反向的方式也同樣面臨哲學上的巨大困難，即：如果我們認定所謂的災異不是自然現象，而是來自神的啟示，就必須超越一般的天人二分，在天和人之外另外確立一個超驗的神的區域。但從董仲舒的哲學架構看，這種區域是匱乏的，即：他的哲學在天地人神的四元組合中，缺少超越性的神的一極。這樣看，漢代儒學超越天之上的神本體的闕如，應是董仲舒試圖迴避命運本源問題的另一個原因。

四、王充的質疑

　　以人道推論天道，然後以這種推出來的天道對人進行反制，這是董仲舒建構天人相副和天人感應理論體系的基本方法。但是，就像感性的想像可以使世界成為人的身體一樣，人的感知經驗也可以直觀地得出人天不類的判斷。這就像前文所言的齊桓公「仰而視天」，他看到的清風白雲、日月星辰，和人的身體有什麼關係呢？

　　在漢代，對董仲舒天人相副和相感論提出有力質疑的是王充。對董仲舒而言，天和人形體的一致是其相互發生感應的前提，而王充恰巧在經驗層面看到的是人天不類的狀況。如他所言：

　　　　何以知天之自然也？以天無口目也。以天無口目也。……何以
　　知天無口目也？以地知之。地以土為體，土本無口目。天地，夫婦

〔註95〕《春秋繁露‧郊祭》。
〔註96〕《史記‧儒林列傳》云：「（董仲舒）中廢為中大夫，居舍著災異之記。是時遼東高廟災，主父偃疾之，取其書奏之天子。天子詔諸生視其書，有刺譏。董仲舒弟子呂步舒不知其師書，以為下愚。於是下董仲舒吏，當死，詔赦之，於是董仲舒竟不敢復言災異。」

> 也。地體無口目，亦知天無口目也。使天體乎？宜與地同。使天氣
> 乎，氣若雲煙。雲煙之屬，安得口目？〔註97〕

　　王充和董仲舒關於天人關係的判斷都是採用以類相推的方式，但推論的前提不同。董仲舒由人有口、目直接推出天也應有口目，王充則由地無口目推出天亦應無口目。同時，王充也用歸謬法反推天人同體的不可能。比如，按照一般的觀點，雷聲是天在表達憤怒，這種憤怒可以使人因雷擊而死。但對人而言，表達憤怒應該用口，而用口表達的憤怒是不可能燒死人的。進而言之，人因雷擊而死，往往身體會被燒焦，口又怎麼可能讓人的身體燒焦呢？〔註98〕另外，從萬物生成的角度看，世間萬物由天地創造，如果天地像人一樣是身體性的，那麼它創造萬物也必然像人一樣用手，但是，天地又從哪裏得到千千萬萬隻手去造各種各樣的物呢？〔註99〕

　　從王充列舉的天人不類的例證可以看出，他是要將知識建立在實證經驗而非想像的基礎上。如果天人同體，那麼天有口目，人也必然有口目；人用手製造萬物，那麼天也應該用手造製萬物。否則天人同體即是妄言。這種質證方式從表面看是幼稚可笑的，但是，對王充思想價值的認定必須放在漢代哲學的具體語境中。從其哲學的歷史背景看，如果沒有從《淮南子》到董仲舒天人同體論的荒謬，就不會有王充反駁方式的荒謬。進而言之，王充的反駁方式雖然因陷入徹底的實證而顯得荒謬，但他得出的結論卻依然正確，即天人不同體。以此為基礎，王充對董仲舒的天人感應論給予了進一步的證偽。如他所言：「凡言譴告者，以人道驗之也。」按照人道，君主會對臣子的過失給予譴責和警告，上天則對君主的過失給予警告。這是董仲舒以天道制約人事的基本方式。但同樣是按照人道，如果天能對人譴告，那麼人也必然可以向天進諫，但事實上，人對天反向的進諫卻從沒有在天那裡得到過回應。這種天人感應的單向性，說明所謂天的形體性、情感性、意志性只不過是人的主觀想像，而不具有事實依據。正如王充所言：「譴告之言，衰亂之語也，而謂之上天為之，斯蓋所以疑也。」〔註100〕「賢聖感類，慊懼自思，災變惡徵，

〔註97〕　《論衡·自然篇》。
〔註98〕　《論衡·雷虛篇》云：「審隆隆者天怒乎？怒用口，……口之怒氣安能殺人？人為雷所殺，詢其身體，若燔灼之狀也。如天用口怒，口怒生火乎？」
〔註99〕　《論衡·自然篇》：「春觀物之生，秋觀其成，天地為之乎，物自然也。如謂天地為之，為之宜用手，天地安得萬萬千千手乎？」
〔註100〕　《論衡·自然篇》。

何爲至乎？引過自責，恐有罪，畏愼恐懼之意，未必有其實事也。」〔註101〕

自西漢後期，儒學已有發生轉向的趨勢。由董仲舒附會陰陽而實現的儒學的宏大敘事，以及由此而起的災異、讖緯之說受到質疑。這種轉向，在儒學內部表現爲今文經學向古文經學的轉變，在一般思想界，則表現爲「回到事物本身」式的唯物主義的興起。從王充《論衡》可以看出，他對當時一批理智清明的思想者極其推崇，如其讚揚雄、桓譚云：「玩揚子雲之篇，樂於居千石之官；挾桓君山之書，富於積猗頓之財。」〔註102〕「世間爲文者眾矣，是非不分，然否不定，桓君山論之，可謂得實矣。論文以察實，則君山漢之賢人也。」〔註103〕所謂「論文以察實」，就是王充主張的「疾虛妄」、「歸實誠」。按照這種價值判斷尺度，董仲舒的天人相副和天人感應就明顯會因與實證經驗的背離而變的毫無價值。

但同時必須看到，對包括人在內的萬物實相的洞察，既可以還人一個眞實的世界，但這種眞實如果沒有恰切的人生態度去面對，則往往比生活在虛幻中更糟。這就是求眞與求善的矛盾所在。18世紀，法國思想家伏爾泰曾講：即便世間沒有上帝，也要造出一個上帝。伏爾泰之所以這樣講，是因爲基督教神學爲人從生存到死亡提供了一個穩定的存在格局。同樣道理，董仲舒的天人陰陽之論雖然荒謬，但卻也爲漢人提供了一個穩固的有機世界，讓人體驗到美學的有序和莊嚴。同時，這種天人同構關係在眞實層面的可證僞性，並不妨礙善的層面的自足完滿，即：世界的身體性有效解決了人存在的單一性，避免了由無所依傍而產生的生存孤獨。

與董仲舒天人共建的審美世界不同，王充爲人提供的是一個無機而分割的世界。人與天的兩離，將一個合目的的完滿世界戳開了一個無法修補的洞穴。面對這個洞穴，王充並沒有教人如何以正確的方式來面對，而是將人交給了幽暗虛無的命運。從這個角度講，王充對天人同體關係的證僞，一方面幫人消解了天無所不在的壓力，阻斷了天人相感的道路，另一方面也必然給人帶來無所依傍的虛無感。也就是說，一個失去天監督也失去地保護的人，既是一個自由人，也必然是一個無助的人。由此看王充的唯物主義和無神論，它的價值可以說是正反互見。他解構了董仲舒人體式的、有情有性的天，卻

〔註101〕《論衡·感類篇》。
〔註102〕《論衡·佚文篇》。
〔註103〕《論衡·定賢篇》。

沒有爲人找到新的歸依。這樣，沒有來世的信仰，沒有彼岸的召喚，生命只可能以當下的身體彰顯其存在的意義。而生命和身體又是速朽的。至此，東漢末及至魏晉的感傷主義，以及由信仰幻滅而導致的及時行樂之思想，也就在王充這裡找到了理論助力。

第四節　被身體建構的世界

一、作爲美學命題的天人合一

人的存在，意味著任何認識都無法擺脫人這一物種的獨特限定。他用人的眼睛觀察世界，用人的大腦思考世界，這種認識主體的先在性，決定了世界爲人而在的屬性。同時，人作爲一種天覆地載的生命，他生存於世界之中。就像蛋殼裏的雞雛永遠無法瞭解雞蛋的完整形狀，人也命中注定不可能達到對外部世界的客觀認知。這樣，所謂的客觀，就永遠是不可企及的哲學目標。更多情況下，我們自認爲客觀的世界，其實不過是被人的知覺建構的世界；所謂的理性知解力，則極易成爲賦予人的謬見以理論合理性的能力。

認識所及的區域，即是世界爲人而在的區域，也是世界的眞身隱匿的區域。從這個角度看漢代哲學在身體與世界之間建立的聯繫，它既可能使人感到荒誕，更可能讓人看到人類以詩與美的方式認識世界的必然。也就是說，漢代哲學在天人之間建構的和諧秩序，在天人相副和相感中賦予對象世界的人化的親切，使它成爲按照美的規律來建造的東西。同時，在中國歷史上，從來沒有哪個時期像漢代那樣，賦予「天人合一」如此具體而莊嚴的結構形式，甚至人體的每一根毛髮都可以在對象世界找到它的對應位置。這種人天對位反科學，但卻正因爲它的反科學而成爲構造人與世界關係的詩意建築學。它展示的宇宙圖景，是由和諧形式和從形式逸出的人道理想共同構成的美的圖景。

從美學角度理解漢代哲學中身體與世界的關係，其起點是漢人關於人身體的認知問題。從前文已可看到，漢人將身體理解爲形神志氣的結合形式，這與西方靈肉二分的方式有大不同。形神志氣的結合給人呈示的是以生命爲核心的有機身體，而靈肉二分則表徵著神界與塵界的對立。從這種比較可以看出，漢代哲學關於身體多元構成性和有機整體性的認知，明顯是對於身體的更符合美學原則的認知，因爲美學在與神學和科學的對立中彰顯的理想，

就是事物有機構成和整體和諧的理想。尤為重要的是，漢代哲學發展了先秦哲學關於人的內在精神與外部形象關係的思考，認為形體不但以光輝的形式顯現內在精神，而且形式本身就是無形的生命之氣的凝聚。這種看法，使身體成為有意味的形式，而內在精神也成了有形式的意味。這種形神互融互滲而最終又表現為形式的判斷，為身體成為審美對象提供了更富有人性深度的根據。

　　雖然先秦思想者也將人看作自然之氣充盈的形式，但從來沒有像漢代這樣形成統一認識。從《淮南子》、董仲舒到王充，我們可以看出這已是漢人自我認知的一般常識。同時，在人的起源方面，漢人將人的現實起源視為夫婦的合氣，將人的神話起源視為女神摶土造人，將人的哲學起源規定為天地的共創，不管是哪一種認識，都預示著一個基本的判斷，即人的身體來自自然的孕育和創化。這種思想，不但將人本身視為一個整體，而且將人與世界視為一個整體，或者說將人視為整個自然界的有機組成部分。據此可以看到，對於中國哲學和美學而言，談自然的人化或人的自然化，從本質而言是沒有意義的，因為人本身就是自然，認識自身就是認識自然，即所謂「天地萬物，一人之身也」，〔註104〕「得身則萬物備」〔註105〕「察身以知天也」。〔註106〕

　　如果我們將自然人化和人的自然化作為建構人與自然審美關係的基礎，那麼它的前提就是人與自然的二分。在當代中國美學中，更有學者通過對馬克思《1844 年經濟學——哲學手稿》的解讀，認為自然的人化就是人通過勞動實踐對自然的征服、改造，並以此為基礎建構一個屬人的世界。顯然，這種以人與自然二分為前提、以實踐改造為手段的天人合一，不但有違中國古典美學中人與自然有機整體的原則，而且它所建構的合一的世界也必然是偏離人的自然本性的世界。從這種比較不難發現，如果我們非要套用當代學術話語理解古典，那麼，漢代自然人化的觀念，就與當代有著巨大差異。它更多意義上是人與自然的互化，而非自然向人的單向生成；它講的人與自然的合一，是人的自然本性的復現和向其自然本性的回歸。同時，由於天地萬物在本性上與人一致，人也就成了自然本性的集中體現者——人性就是自然性，人體就是自然。這種觀念不但為人把握宇宙的無限性提供了一種簡便的

〔註104〕《呂氏春秋·有始覽》。
〔註105〕《淮南子·原道訓》。
〔註106〕《春秋繁露·郊祭》。

方法，而且使人認知的世界成為一個深含審美意味和人道精神的世界。

二、身體的規律與世界的規律

由於漢代哲學不是從抽象的人性，而是從身體的真實存在談人，這樣，所謂人的自然化和自然的人化，就最直觀地體現為身體的世界化和世界的身體化。就前者而言，不但人的身體來自對象性的自然，而且由於身體與世界的同構性，人們也總是將自己的身體發散為整個世界。從漢代文獻可以看到，許多傳說中的神人和聖王，如伏羲、女媧、西王母、黃帝、堯舜，大多被描述為怪異的形體，其怪異的一個基本指向就是強調人體的自然特徵，好像人體愈接近自然，就愈具有超凡的神力和高尚的德行。在此，如果神人、聖人代表了人體的理想形態，那麼這種理想的指向就是人向自然的生成，就是將最能體現自然特徵的人體作為理想的人體。

就世界的身體化而言，漢人按照以人推天的認知方式，將世界想像為人體化的天空與大地，將社會結構想像為人體式的社會結構。如董仲舒云：

> 一國之君，其猶一體之心也；隱居深宮，若心之藏於胸；至貴無與敵，若心之神無與雙也；其官人上士，高清明而下重濁，若身之貴目而賤足也；任群臣無所親，若四肢之各有職也；內有四輔，若心之有肝肺脾腎也；外有百官，若心之有形體孔竅也；親聖近賢，若神明皆聚於心也；上下相承順，若肢體相為使也；布恩施惠，若元氣之流皮毛腠理也；百姓皆得其所，若血氣和平，形體無所苦也；無為致太平，若神氣自通於淵也；致黃龍風皇，若神明之致玉女芝英也。〔註107〕

這種按照人體美的規律建構的宇宙模式和社會結構，可能在科學上經不起推敲，並使封建政治等級制合法化，但由此體現的有機整體觀念和和諧思想，卻代表了一種美的世界理想和社會理想。

梅洛‧龐蒂在分析西方近代以來的身體觀時曾經指出：「由於笛卡爾的傳統，我們已習慣於丟開對象。反思的態度既使身體的一般概念單純化，同時也使心靈的概念單純化了。這是把身體定義為一個沒有內心的部分之和，而把心靈定義為完全為純身體而準備的，並與身體沒有距離的一個存在。這類相輔相關的定義，建立了在我們身上和我們之外的那種明晰：一個沒有內在

〔註107〕《春秋繁露‧天地之行》。

深處的客體的透明性，一個並非別的、只是他想要是的那樣的主體。前者與後者，客體就是客體，意識就是意識。存在這個字眼，有兩種、也僅有兩種意義：我們要麼作爲客體而存在，要麼作爲意識而存在。」〔註108〕這種關於身體的二分方式，既是西方哲學二元論的必然結果，反過來又爲二分的合理性提供根據。但是，人的存在，是被身體標示的整體存在，而不是分裂的存在。它既是主體又是客體，既是物質又是意識，或者說它在二分之外，以「身體的自身經驗向我們提示了一種模棱兩可的存在方式」〔註109〕這種方式就是人作爲一個有機整體存在的方式。在這個有機整體中，不但靈肉交融，而且美感快感的劃分也沒有意義。讓我們看林語堂下面的話：

> 當我聽到孩子說話的聲音，或者看著他們肥胖的腿兒，我說不
> 出是在物質上愛他們或是精神上愛他們；我也不能把把心靈與肉體
> 的歡樂分別開來。世上可有什麼人對於女人只在精神上愛她，而不
> 在肉體上愛她，一個人要分別他所愛的女人的媚態——如大笑、微
> 笑、搖頭的姿態、對事物的態度等——是件容易的事情嗎？女子在
> 衣飾整齊的時候都會覺得快樂，口紅和胭脂使人有一種精神煥發的
> 感覺，衣飾整齊使人在精神上感到寧靜和舒泰。這在女子方面看來
> 是眞實而明確的，然而精神主義者對此就會覺得莫明其妙。我們的
> 肉體總有一日會死去的，所以我們的肉體與精神之間，只有極薄的
> 隔膜。〔註110〕

這種判斷爲靈與肉、物質與精神提供了一個終極的聚集地，這個聚集地就是人的身體。其中，不管是美感抑或快感，實際上被身體凝聚成了一個不可分割的整體。據此，與其說人對世界的認識和審美感覺是從人出發，或者說從人的視知覺和語言出發，毋寧更本源地說是從人的身體出發。人對世界的感知，不僅僅局限於視知覺，而是每個毛孔都張開著接收外部世界的信息；人對世界的描述也不僅僅是語言的描述，而是全身心地參與到世界的整體再現中。由此看西方現代現象學美學和語言論美學提出的人以知覺建構世界和人以語言建構世界的看法，就是有局限的。從根本上講，人是用身體建構世

〔註108〕梅洛‧龐蒂：《知覺現象學》第一部第六章《作爲表達和說話的身體》，見《眼與心》，中國社會科學出版社1992年版，第38頁。

〔註109〕梅洛‧龐蒂：《知覺現象學》第一部第六章《作爲表達和說話的身體》，見《眼與心》，中國社會科學出版社1992年版，第38頁。

〔註110〕林語堂：《生活的藝術》，上海文學雜誌社1986年版，第91頁，第92頁。

界。在中國哲學和美學史中，沒有哪一時期比漢代更讓人深刻地體認到這一點。

三、作爲身體映像的自然和藝術

用身體建構世界有兩種方式，一是將身體作爲世界的隱喩，即我們用表達身體的話語作爲描述世界的工具，從而使描述世界的語言成爲身體描述的延伸；二是身體本身就是世界，或者說世界本身就是與人並置的身體。第一種方式是關於人與世界關係的類比聯想，其目的是使對象世界在與身體的類比中，獲得像人體一樣的和諧。在漢代，這種方式主要被儒家採用，在社會層面展開。但在中國道家哲學中，人與世界就不僅僅是類同和體同，而是性同。人與萬物在稟承道性上具有一致性。這種內在的一致使雙方身體的互化成爲可能。在漢代，《淮南子》對這種人與世界的內在一致性進行了理論闡述，如其所云：「夫天之所覆，地之所載，六合所包，陰陽所呴，雨露所濡，道德所扶，此皆生一父母，而閱一和也。是故槐榆與橘柚，合而爲兄弟；有苗與三危，通爲一家。」〔註111〕漢末道教則將世界的身體本質表述得更具體。如《太元經》論大地的身體性云：「穿地見泉，地之血也；見石，地之肉也。取血、破骨、穿肉，復投瓦石堅木於地中，爲瘡。」〔註112〕另外，對這種一致性的更形象表達來自於漢代的神話。如三國時期吳人徐整記錄的盤古創世神話云：

> 天地混沌如雞子，盤古生其中。萬八千歲，天地開闢，陽清爲天，陰濁爲地。盤古在其中，一日九變，神於天，聖於地。天日高一尺，地日厚一丈。如此萬八千歲，天數極高，地數極深，盤古極長。後乃有三皇。數起於一，立於三，成於五，盛於七，處於九，故天去地九萬里。〔註113〕

> 首生盤古，垂死化身，氣爲風雲，聲爲雷霆，左眼爲日，右眼爲月，四肢五體爲四極五嶽，血液爲江河，筋脈爲地理，肌肉爲田土，髮髭爲星辰，皮毛爲草木，齒骨爲金石，精髓爲珠玉，汗流爲雨澤。身之諸蟲，因風所感，化爲黎氓。〔註114〕

〔註111〕《淮南子・俶眞訓》。
〔註112〕于吉：《太元經・起土出書訣》。
〔註113〕徐整：《三五曆紀》。見歐陽詢《藝文類聚》卷一。
〔註114〕徐整：《五運曆年紀》。見馬驌《繹史》卷一。

這則神話雖在三國時期才見諸文字，但從口傳與文字記述的一般關係看，它流傳的時期絕對應在三國之前。神話中這位盤古，以他身體的偉力創造了漢民族賴以生存的宇宙空間格局。這說明在漢民族的觀念中，世界不是自在的本然，而是爲人開闢的應然。就像爲我們的認識所把握的世界是世界的應然而非本然一樣。盤古死後，他龐大身軀的每一個組成部分，分別化爲大地上的山川河嶽、草木金石，以及天上的日月星辰。這說明，漢代人眼中的大地，本身就是人體式的大地，天空本身就是人體式的天空。在此，世界的身體性雖然在文明時代來自於感覺經驗的建構，但從更本源意義上看，世界本身就是一個完整而偉大的身體。從這則神話看，我們以身體建構的世界，並不是由認知能力的局限而強加於世界的身體性圖景，而是對由盤古所化的世界本然樣態的物理再現。也即在漢代人的觀念中，對世界身體性的認知，既是合規律的眞，又是合目的的善，更是兼及規律性與目的性的美的世界。

後世藝術，正是在這種身體性認知中發現了世界有情有性有體的美的韻致。這是一種生命之美，也是一種有機和諧的身體之美的外顯。而藝術創造也就成了對這種自然的身體之美的摹寫和再現。如郭熙論山水云：

山，大物也，其形欲聳拔，欲偃蹇，欲軒豁，欲箕踞，欲盤礴，欲渾厚，欲雄豪，欲精神，欲嚴重，欲顧盼，欲朝揖，欲上有蓋，欲下有乘，欲前有據，欲後有倚，欲下瞰而若臨觀，欲下游而若指麾，此山之大體也。

水，活物也，其形欲深靜，欲柔滑，欲汪洋，欲迴環，欲肥膩，欲噴薄，欲激射，欲多泉，欲遠流，欲瀑布插天，欲濺撲入地，欲漁釣怡怡，欲草木欣欣，欲挾煙雲而秀媚，欲照溪谷而光輝，此水之活體也。

山以水爲血脈，以草木爲毛髮，以煙雲爲神彩，故山得水而活，得草木而華，得煙雲而秀媚。水以山爲面，以亭榭爲眉目，以漁釣爲精神，故水得山而媚，得亭榭而明快，得漁釣而曠落，此山水之布置也。

山有高有下，高者血脈在下，其肩股開張，基腳壯厚，巒岫岡勢培擁相勾連，映帶不絕，此高山也。故如是高山謂之不孤，謂之不什。下者血脈在上，其顚半落，項領相攀，根基龐大，堆阜臃腫，

直下深插，莫測其深，此淺山也。故如是淺山渭之不薄，謂之不泄。
高山不孤，體幹有什之理，淺山而薄，神氣有泄之理，此山水之體
裁也。

　　　石者，天地之骨也，骨貴堅深而不淺露。水者，天地之血也，
血貴周流而不凝滯。〔註115〕

　　中國人將無限多樣的自然簡化為山與水。在此，如果說大地是人體式的
大地，那麼以山水建構的中國藝術，必然是以山水為主幹的人體式大地的映
象形式。近人論中西藝術的區別，直觀地認為西方藝術的主題是人物肖像，
中國藝術的主題是自然山水，殊不知中國藝術是從自然山水中看到了人體的
影像，或者說自然山水本身就是人體的另一種表現。據此可知，對人類精神
的表現、對人體的深度理解依然構成了中國藝術的基本主題和結構形式。

　　但不管如何，沒有漢人以身體建構世界的哲學努力，沒有他們以天人同
體為基礎形成的理論建築學，後世山水藝術對於自然的人體想像必然會成為
無源之水，無本之木。同時，後世的詩論、文論和書論，也往往用大量人體
學範疇描述文學藝術的形式結構，如血氣、筋脈、骨肉等等。這顯然也是將
人體的組合形式當成了文學藝術作品所要摹擬的結構形式。於此，漢代思想
者關於人體有機性和生命性的認定，不僅使其成為自然山水之美的理想範
式，而且成為一切藝術的範式。

〔註115〕《林泉高致‧山水訓》。

第三章　漢代美學中的禮樂服飾

　　人是自然的存在，也是社會的存在。就其自然屬性而言，他總渴望無限度佔有對象世界，實現欲望最大化。但人又生活在社會中，欲望的無限擴張必然會與他人的利益發生衝突。在這種情況下，個體欲望的節制不僅是社會和諧穩定的保證，而且也是個人美德的體現。進而言之，無論欲望的擴張抑或節制，其最直觀的表現就是人的身體性行為對他者利益的僭越或尊重。其中，僭越性行為因對社會倫理秩序構成威脅而成為醜，合規範的行為則因有益於倫理秩序的建立而成為美。對中國古人而言，合規範的行為即合乎禮儀的行為。孔子云：「不學詩無以言，不學禮無以立。」正是強調禮對人身體性行為的規範作用。

　　「禮起於何也？曰：人生而有欲，欲而不得，則不能無求。求無度量分界，則不能不爭。爭則亂，亂則窮。先王惡其亂也，故制禮義以分之，以養人之欲，以給人之求。」〔註1〕從荀子的話看，先王制禮的目的就是為人欲立法，以保證社會和諧。在中國古代，對人身體性行為的約束可見之四個方面，即：刑、政、禮、樂。前兩種是政權機器對人行為的強制性規定，它建立在權力的威懾和懲戒的基礎上；後兩種則源自教育，是通過理性啟蒙和感性激發實現對人行為的自然規訓。孔子云：「道之以政，齊之以刑，民免而無恥。道之以德，齊之以禮，有恥且格。」〔註2〕正是看到了禮樂教育更具人性的一面。同時，禮與樂對人的作用各有側重：「樂由中出，禮自外作。樂由中出故

<hr>

〔註1〕　《荀子‧禮論》。
〔註2〕　《論語‧為政》。

靜，禮自外作故文。」〔註3〕「禮定其象，樂平其心。禮治其外，樂化其內，禮樂正而天下平。」〔註4〕也就是說，樂對人內心的調節和禮對人外在行為的規範，共同建構了一個合乎倫理要求的身體，並進而形成一個既秩序井然又文明風雅的社會。如孔子云：「移風易俗，莫善於樂。安上治民，莫善於禮。」〔註5〕

　　一個被儒家思想建構的倫理化的身體，它的美可以依序分為三個層面：首先，按照孟子的看法，人內在道德精神的「充實」可以外顯為人體的「光輝」，從而使身體成為道德的形象顯現。其次，禮樂教育可以使人克服動物性的盲動，使人的行為由野蠻轉向文明。這種被禮樂規訓的身體明顯是一種雅化的身體，是對人自然性存在方式的審美提升。同時，由於禮樂帶有明顯的藝術性，被它規範的身體行為必然也是對倫理和藝術原則的雙重踐履。第三，著裝是判明野蠻和文明的標誌，中華文明的開端即是從著裝開始講起，即「黃帝堯舜垂衣裳而天下治」。〔註6〕服裝對身體的遮蔽意味著人區別於禽獸，有了羞惡廉恥之心，進而服裝又作為一種文化或權力的符號，成為標明種族、男女、社會等級的重要表徵。從這個角度看，服裝作為人身體的裝飾或包裝，它牽涉到身體的文化、政治歸屬問題，而這種文化或政治內涵的實現，又必以服裝對人身體的美化作為前提。

　　從以上分析看，身體一方面是自然存在，另一方面又是被特定的社會文化所建構的存在。董仲舒云：「天地人，萬物之本也。天生之，地養之，人成之。天生之以孝悌，地養之以衣食，人成之以禮樂。……無孝悌則亡其所以生，無衣食則亡其所以養，無禮樂則亡其所以成也。」〔註7〕比較言之，天生地養的身體是自然存在，對此，前章已有詳論。而「成之以禮樂」的身體——即被禮樂建構的身體，則是社會性存在。從禮樂服飾的特性看，它們兼有倫理和審美的雙重內涵，而且其蘊含的倫理意味本身就是美的。由此看禮樂服飾對人的倫理再造，就既賦予了人美的形式，也賦予了人美的內容。所以，

〔註3〕　《樂記·樂論篇》。

〔註4〕　阮籍：《樂論》。

〔註5〕　《孝經·廣要道章》。

〔註6〕　《易傳·繫辭下》。雖然古今對這句話多有歧解，但人通過衣服的遮蔽以別於禽獸之體，是最根本的。如班固《白虎通德論·衣裳》云：「聖人所以治衣服何？以為絺綌蔽形，表德勸善，別尊卑也。所以名為裳何？衣者，隱也。裳者，彰也。所以隱形自彰閉也。《易》曰：『黃帝堯舜垂衣裳而天下治。』」

〔註7〕　《春秋繁露·立元神》。

這種再造也必然是人被美的規律建造，是身體完成了從自然創化向社會重塑的躍升。下面，我們看漢代對這一問題的理解有什麼特色：

第一節　身體與禮容威儀

一、叔孫通制禮

漢代社會政治秩序的建立始於叔孫通制禮。對於當時社會而言，叔孫通制禮不止是漢王朝由亂轉治、儒家倫理擠入政權經營的標誌性事件，而且是一個具有美學意味的事件。如《史記》云：

> 漢五年，已并天下，諸侯共尊漢王爲皇帝於定陶，叔孫通就其儀號。高帝悉去秦苛儀法，爲簡易。群臣飲酒爭功，醉或妄呼，拔劍擊柱，高帝患之。叔孫通知上益厭之，說上曰：「夫儒者難與進取，可與守成，臣願徵魯諸生，與臣弟子共起朝儀。」高帝曰：「得無難乎？」叔孫通曰：「五帝異樂，三王不同體。禮者，因時世人情爲之節文者也。故夏、殷、周之禮所因損益可知者，謂不相復也。臣願頗采古禮與秦儀雜就之。」上曰：「可試爲之，令易知，度吾所能行爲之。」

> 漢七年，長樂宮成，諸侯群臣皆朝十月。儀：先平明，謁者治禮，引以次入殿門，廷中陳車騎步卒衛宮，設兵張旗志。傳言：「趨」。殿下郎中俠陛，陛數百人。功臣列侯諸將軍軍吏以次陳西方，東鄉；文官丞相以下陳東方，西鄉。大行設九賓，臚傳。於是皇帝輦出房，百官執職傳警，引諸侯王以下至吏六百石以次奉賀。自諸侯王以下莫不振恐肅敬。至禮畢，復置法酒。諸侍坐殿上皆伏抑首，以尊卑次起上壽。觴九行，謁者言「罷酒」。御史執法舉不如儀者輒引去。竟朝置酒，無敢讙嘩失禮者。於是高帝曰：「吾廼今日知爲皇帝之貴也。」廼拜叔孫通爲太常，賜金五百斤。〔註8〕

從這兩節引文可以看出以下問題：首先，先秦儒者言禮，大多涉及的是個人的修身，以及一個相對較小的社會群體——如父母兄弟、友人尊長乃至一個侯國——之內的揖讓之道，到了漢代，禮開始擴及到一個龐大的國家，

〔註8〕　《史記・劉敬叔孫通列傳》。

成爲政權建設的重要手段。禮適用範圍的擴大帶來了兩個後果：一是在漢代，禮對個人修身的重要性讓位於國家政權建設要求人具備「合禮」行爲的緊迫性。在朝的儒者更強調禮的社會政治價值，而非一般的倫理價值。二是自孔子以來，儒家一貫強調禮儀必須有內心的誠敬爲基礎。如孔子曾感歎：「禮云禮云，玉帛云乎哉！」〔註9〕並說：「爲禮不敬，臨喪不哀，吾何以觀之哉？」〔註10〕但是，對於漢朝這樣一個龐大的政權機器和它控制的億萬黎民，追求每個人的誠敬是不可能的，而且內心是否誠敬也未必形諸可以目視眼觀的外表。在這種背景下，對形式秩序的整體追求就往往使是否有情感支撐成爲一個枝節問題。也就是說，個人追求「禮之本」，而國家追求「禮之用」。這種對「禮之用」的追求，使漢禮對人行爲合規範性的要求大於對心理情感的要求，對禮的身體表現的要求大於對其內容的要求。〔註11〕

其次，如前所言，社會秩序的建立，一個基本前提就是人身體性行爲的合規範。而行爲的合規範則必須依靠禮儀制度的約束和訓練。班固云：「六經之道同歸，而禮樂之用爲急。治身者斯須忘禮，則暴嫚入之矣；爲國者一朝失禮，則荒亂及之矣。」〔註12〕正是看到了禮儀對社會秩序和國家治理的重要性。同時，對於漢初的統治者而言，禮儀制度的建立無疑更加急迫。這是因爲，當時剛剛掌握政權的劉邦及其將士，多起於草莽。對於他們，不是「忘禮」或「失禮」的問題，而是根本不懂、并從內心牴觸這種繁瑣的禮儀。這就使朝廷上出現了「醉或妄呼，拔劍擊柱」等讓人匪夷所思的亂象。這種情況持續蔓延下去，不但是劉邦感覺不到做皇帝尊貴的問題，而是勢必會對政權的穩定造成威脅的問題。

在封建時代，保持社會穩定一般採用三種方式：一是詩教和樂教，即讓人通過「潤物細無聲」的審美教育從野蠻走向文明，但這種教育方式往往需要一個漫長的過程才能收到效果。二是刑律，即通過斷人肢體、傷人肌膚的嚴刑使人強制服從。但這種方式在漢初也不可行，因爲嚴酷的刑罰會讓人聯

〔註9〕 《論語·陽貨》。

〔註10〕 《論語·八佾》。

〔註11〕 劉向《說苑·修文》曾記孔子言曰：「無體之禮，敬也；無服之喪，憂也。」這種對「禮之本」的極端強調，與漢儒直接講「禮，體也」（見《禮記·禮器》和揚雄《法言·問道卷》）形成了鮮明對比。也體現了漢禮重身體的感性表現的特點。

〔註12〕 《漢書·禮樂志》。

想到剛剛被推翻的秦朝暴政，而對秦政的批判是當時漢王朝確立自己政權合法性的重要理由。三是禮儀。這是一種既文明又可以對人的行為進行有效規訓的折衷方式。一方面，它有一套預先設定的行為範式，這種範式可以將反秩序的行為有效納入秩序的框架，使身體成為一個被規則塑造的身體。如《禮記》云：「故禮儀也者，人之大端也。所以講信修睦，而固人肌膚之會，筋骸之束也。」這裡的「肌膚之會，筋骸之束」，〔註13〕就是將禮義對人的約束最終落實到了對身體的約束，強調了身體的形式規訓可以使人獲得行為的倫理之美。另一方面，人學會了在秩序中生存，不但可以體驗到身體因雅化而產生的美，而且可以在秩序之內尋到更有保障的快樂和自由。關於這種既限制自由又許諾給人自由的辯證法，荀子有清楚的認識。他認為，人無限膨脹的欲望必帶來社會的紛爭，紛爭導致的混亂會使原本應得的東西也喪失掉。所以制禮的目的表面看是對人欲望的限制，實際卻是對欲望的更好滿足。如其所言：「先王惡其亂也，故制禮義以分之，以養人之欲，給人之求。使欲必不窮於物，物必不屈於欲。……故禮者養也。芻豢稻粱，五味調香，所以養口也；椒蘭芬苾，所以養鼻也；雕琢刻鏤，黼黻文章，所以養目也；鐘鼓管磬，琴瑟竽笙，所以養耳也；疏房檖貌，越席床第几筵，所以養體也。故禮者養也。」〔註14〕在漢代，司馬遷和班固都認同荀子的這種觀點。〔註15〕

第三，禮，就其本質而言，應是道德精神凝聚的形式。當這種形式反過來為人的行為立法時，它就由人文理性轉化為工具理性，由內容決定形式轉化為形式決定內容。從這個角度講，禮的意義就在於「化性起偽」的實踐，而不一定要去追問禮之為禮的內在根據。從叔孫通制禮的狀況看，這種功利主義的禮儀觀在當時是占主導地位的。至於所制之禮是否合乎經典的教義不是他重點考慮的問題。如叔孫通所言：「五帝不同樂，三王不同體。禮者，因時世人情之節文者也。故夏、殷、周之禮所因損益可知者，謂不相復也。臣願採古禮與秦儀雜就之。」〔註16〕這種對禮的認識不但適合當時政權建設的急迫需要，而且與叔孫通投機主義的儒者形象也頗為契合。〔註17〕司馬遷也講：「至秦有天下，悉內六國禮儀，采擇其善，雖不合聖製，其尊君抑臣，朝

〔註13〕《禮記·禮運》。
〔註14〕《荀子·禮論》。
〔註15〕可參照《史記·樂書》，《漢書·禮樂志》。
〔註16〕《史記·劉敬叔孫通列傳》。
〔註17〕可參閱《史記·劉敬叔孫通列傳》。

廷濟濟，依古以來。至於高祖，光有四海，叔孫通頗有所增減損益，大抵皆襲秦故。」〔註18〕從叔孫通和司馬遷所言可以看到，高祖時期所制的禮來自於秦，而秦又採自六國，並不是儒門的正宗家傳。也就是說，是社會需要產生了漢禮，而不是緣於有意傳承歷史遺產。當然，高祖皇帝對叔孫通所制的禮是否遵從古制更不感興趣，因為他向來對儒家不抱好感。他關注的是能否從禮中體驗到權力的尊貴、能否有助於政權建設。「吾乃今日知為皇帝之貴也」，正是他對禮持實用主義態度的證明。

二、漢禮的特點

從禮學自身的發展，也可以看出它在漢代更加功利化或工具化的趨向。中國社會經過戰國至漢初的長期戰亂，尤其是秦始皇帝的焚書坑儒，孔子所著力恢復的周禮已不可見。漢代，自劉邦及文景二帝，都對儒家的一套繁文縟節持排斥態度，這更使先代禮學的傳承成為問題。司馬遷曾記高祖至武帝時禮學的傳承狀況云：

> 諸學者多言禮，而魯高堂生最本。禮固自孔子時而其經不具，及至秦焚書，書散亡益多，於今獨有士禮，高堂生能言之。

> 而魯徐生善為容。孝文帝時，徐生以容為禮官大夫。傳子至孫延、徐襄。襄，其天姿善為容，不能通禮經；延頗能，未善也。襄以容為漢禮官大夫，至廣陵內史……是後能言禮為容者，由徐氏焉。

〔註19〕

從這兩節引文看，當時國家的禮官大夫尚不能「通《禮經》」，有人即便「通」也是通而「未善」。以國家禮官的這種職業素養，他們對禮的理解必然只可能是形式性的，或者連形式性理解也不能充分做到，更不可能對「禮意」或「禮之本」有深入把握。這種狀況加上政權階層對禮儀一貫的實用態度，造成了漢人言禮普遍的形式主義和實用主義。這種形式主義，就是充分強調禮對人身體性行為的規範意義，將禮的問題等同於人體的問題；這種功利主義，則偏重強調禮的實踐價值，而忽視對其理論根源的深度追問。如漢儒論禮云：

> 或問「仁、義、禮、智、信之用」。曰：「仁，宅也。義，路也。

〔註18〕《史記·禮書》。
〔註19〕《史記·儒林列傳》。

禮，服也。智，燭也。信，符也。處宅，由路，正服，明燭，執符，
君子不動，動斯得矣。」〔註20〕

禮也者，猶體也。〔註21〕

禮，體也。人而無禮，焉以爲德？〔註22〕

說天者莫辯乎易，說事者莫辯乎書，說體者莫辯乎禮。〔註23〕

漢興二百一十載而中天，其庶矣乎！辟雍以本之，校學以教之，
禮樂以容之，輿服以表之。〔註24〕

禮樂者，何謂也？禮之爲言履也。可踐履而行。〔註25〕

　　比較言之，先秦儒者言禮，雖然已經將禮的施行明確與人的身體性行爲
對應，如孔子云：「非禮勿視，非禮勿聽，非禮勿言，非禮勿動。」〔註26〕但
還沒有誰將禮與身體做過如此明確的對應。這種對應一方面是對先秦關於禮
的散碎言論進行了概括和定位，另一方面也使禮更成爲一種純粹形式性的表
現。另外，漢儒以「可踐履而行」定位禮，既強調了禮是一種預置的行爲規
範，也說明這種規範所塑造的是合乎政治和人倫要求的身體。

　　那麼，這種合乎禮儀的身體到底會表現出一種什麼樣的形象和行爲呢？
我們可以結合漢儒對「五事」的闡發對這一問題做一說明：

五事：一曰貌，二曰言，三曰視，四曰聽，五曰思。貌曰恭，
言曰從，視曰明，聽曰聰，思曰睿。恭作肅，從作乂，明作哲，聰
作謀，睿作聖。〔註27〕

王者貌曰恭，恭者敬也。言曰從，從者可從。視曰明，明者知
賢不肖，分明黑白也。聽曰聰，聰者能聞事而審其意也；思曰容，
容者言無不容。恭作肅，從作乂，明作哲，聰作謀，容作聖。〔註28〕

學者，所以修性也。視、聽、言、貌、思，性所有也。學則正，

〔註20〕《法言·修身卷》。
〔註21〕《禮記·禮器》。
〔註22〕《法言·問道卷》。
〔註23〕《法言·問明卷》。
〔註24〕《法言·至孝卷》。
〔註25〕《白虎通德論·禮樂》。
〔註26〕《論語·顏淵》。
〔註27〕《尚書·洪範》。從《洪範》以五事類比五行、八政看，此段應爲漢人的篡入。
〔註28〕《春秋繁露·五行五事》。

否則邪。〔註29〕

維天肇降生民，使其貌動，口言，目視，耳聽，心思。有法則
成，無法則不成。〔註30〕

從漢儒談論的「五事」可以看出，被禮所規訓的身體展示的是一種既明
且哲、既恭且順的紳士形象。在此，禮的魅力不但在於通過身體將一種道德
生活的圖景進行優雅的展示，而且這種溫文爾雅的形象也最易為統治者接
受，並能為政權提供最優質的服務。

《尚書・洪範》云：「敬用五事。」《論語・顏淵》云：「為禮不敬，臨喪
不哀，吾何以觀之哉？」由此看，禮的情感基礎是敬。劉邦之所以說「吾乃
今知為皇帝之貴也」，就在於這種禮使他在臣子的敬畏中獲得了極大的滿足。
那麼，這種人與人之間的尊敬和敬畏是如何實現的呢？顯然，它不可能來自
常規意義上的愛或親密無間，也不可能來自人與人之間的疏遠，因為按照本
性，人往往「近之則不遜，遠之則怨」。這樣看，敬的情感的產生，既依賴人
在群體之內的相互關聯，又依託相互之間距離的建立。《樂記》云：「樂者為
同，禮者為異。同則相親，異則相敬。樂勝則流，禮勝則離。」〔註31〕班固
云：「樂以治內而為同，禮以修外而為異；同則和親，異則畏敬；和親則無怨，
畏敬則不爭。」〔註32〕都說明由禮而起的敬的情感，以人與人之間建立距離
為前提。《樂記》所講的「樂統同，禮辨異」，〔註33〕正是指禮在人與人之間
製造距離和差異，進而導致敬畏情感的產生。

由於禮可以在人與人之間建立距離，而距離又可以產生敬畏的情感，它
也就成為建構封建等級制的重要手段。禮作為手段的意義，先秦時期的孔孟
都沒有明確地講出來，因為他們更願意將禮建基於人的自然情感的基礎上。
到了荀子，儒學有一個重要的轉折，即一旦禮的情感和實踐價值被認識，它
就由一種情感表現被有意識地躍升為建構社會尊卑秩序的方法論原則。這就
是「隆禮」。如荀子言：「禮者，以財物為用，以貴賤為文，以多少為異，以
隆殺為要。文理繁，情用省，是禮之隆也。」〔註34〕全然沒有涉及禮的情感

〔註29〕《法言・學行卷》。
〔註30〕《太玄・玄線》。
〔註31〕《樂記・樂論篇》。
〔註32〕《漢書・禮樂志》。
〔註33〕《樂記・樂情篇》。
〔註34〕《荀子・禮論篇》。

基礎問題。漢代人所言的禮，從叔孫通制禮已可以看到，這種手段性的意味在強化。這種強化就是忽略禮的情感和倫理價值，而強調其作爲治國手段的政治價值；將禮作爲製造社會等級差別的技術手段，而不管它是否源於人內心的本然要求。也就是說，禮的理論一旦被人掌握，它就由批判的武器，反過來成爲武器的批判。

三、賈誼論帝王禮容

在漢初，叔孫通是以禮制造尊卑的政治實踐者，賈誼則是將這種實踐進一步給予理論闡明的思想者。如其所言：「人之情不異，面目狀貌同類；貴賤之別，非天根著於形容也。」〔註35〕據此，如果人在本質上無差異，就必須借助外在手段在人與人之間製造差異，因爲這是社會等級制建立的保證。在賈誼看來，製造這種差異的重要手段就是等級權力，服裝號令。而禮的任務就是將這種等級權力、服裝號令賦予一種有序的形式。進而言之，如果人天生的形貌無法彰顯社會等級制所必需的差異，那就必須借助對人形貌的不同要求使其等級差異得到彰顯。據此，賈誼所講的禮，也不是一般意義上的揖讓之道，而是禮在人外觀上的表現，即「禮容」。在他看來，作爲有身份有地位的統治者，尤其是權傾天下的皇帝，他必須有與其權力相配的形貌和行爲。只有這樣才能引起人們的敬畏，從而強化自己的權威。如其《容經》云：

> 〔志色之經〕志有四興：朝廷之志，淵然清以嚴；祭祀之志，愉然思以和；軍旅之志，怫然愵然精以屬；喪紀之志，漻然愁然憂以湫。四志形中，四色發外，維如。
>
> 〔容經〕容有四起：朝廷之容，師師然翼翼然整以敬；祭祀之容，遂遂然粥粥然敬以婉；軍旅之容，湢然肅然固以猛；喪紀之容，怊然懾然若不還。
>
> 〔視經〕視有四則：朝廷之視，端流平衡；祭祀之視，視如有將；軍旅之視，固植虎張；喪紀之視，下流垂綱。
>
> 〔言經〕言有四術：言敬以和，朝廷之言也；文言有序，祭祀之言也；屏氣折聲，軍旅之言也；言若不足，喪紀之言也。
>
> 〔立容〕固頤正視，平肩正背，臂如抱鼓。足閒二寸，端面攝纓。

〔註35〕《新書‧等齊》。

端股整足，體不搖肘，曰經立；因以微磬曰共立；因以磬折曰肅立；因以垂佩曰卑立。

〔坐容〕坐以經立之容，胕不差而足不跌，視平衡曰經坐，微俯視尊者之膝曰共坐，仰首視不出尋常之內曰肅坐，廢首低肘曰卑坐。

〔行容〕行以微磬之容，臂不搖掉，肩不下上，身似不則，從容而任。

〔趨容〕趨以微磬之容，飄然翼然，肩狀若流，足如射箭。

〔跘旋之容〕旋以微磬之容，其始動也，穆如驚倏，其固復也，旄如濯絲。

〔跪容〕跪以微磬之容，揄右而下，進左而起，手有抑揚，各尊其紀。

〔拜容〕拜以磬折之容，吉事上左，凶事上右，隨前以舉，項衡以下，寧速無遲，背項之狀，如屋之丘。

〔坐車之容〕坐乘以經坐之容，手撫式，視五旅，欲無顧，顧不過轂。小禮動，中禮式，大禮下。

〔立車之容〕立乘以經立之容，右持綏而左臂詘，存劍之緯，欲無顧，顧不過轂。小禮據，中禮式，大禮下。

〔兵車之容〕禮，介者不拜，兵車不式，不顧，不言反，抑式以應，武容也。

　　若夫立而跂，坐而蹁，體怠懈，志驕傲，趯視數顧，容色不比，動靜不以度，妄咳唾疾，言嗟氣不順，皆禁也。〔註36〕

先秦儒家也講禮容，如「孔子於鄉黨，恂恂如也，似不能言者。其在宗廟朝廷，便便然；唯謹爾。朝與下大夫言，侃侃如也；與上大夫言，誾誾如也。君在，踧踖如也，與與如也。」〔註37〕但與賈誼所講明顯不一樣。孔子言禮，以內心誠敬為基礎，賈誼沒有提出這種內在要求，他更注意的是禮對於他人的威攝力，即其作為統治手段的價值。在賈誼以後，漢儒之所以以「體」和「履」為禮定位，而擱置對其心性基礎的苛求，既和漢代哲學普遍感性化、

〔註36〕《新書・容經篇》。
〔註37〕《論語・鄉黨》。

形式化的特點有關，更和禮在政治化的過程中必然由重道轉向重技、由理論化轉爲工具化的趨勢有關。但如前所言，這種感性化、工具化的趨勢也有它鮮明的意義在，即：使禮由「以心發身」的問題轉化爲純粹身體的踐履和操演，使行爲倫理的問題轉化爲身體美學的問題。上面所引賈誼的「禮容」，首先造就的就是人體的崇高之美，然後借助這種崇高產生一種讓人望而生畏的威懾力。

　　賈誼先後做過孝文帝時期的博士、太中大夫和長沙王、梁懷王的太傅，爲統治者進行儀容訓練應是他職業範圍內的事情。從《容經》所體現出的剛猛之氣以及他過於強調禮的工具意義看，他明顯是受了前朝法家的影響。〔註38〕但從漢儒，尤其是有機會做帝王師的儒家士人的思想看，援法入儒、將法家的政治權術換上儒家文質彬彬的禮的包裝，是當時相當普遍的情況。這是因爲，先秦儒學，尤其是孔孟之學，基本上是知識分子的修身之學。當這種學說介入主流政治，成爲官方哲學時，它必須一方面從其他學派借用思想資源，另一方面加強理論的實踐品質。同時，由於這種哲學直接爲帝王服務，重點解決的是最高權力階層所面對的問題，所以從帝王的角度講禮，或者說如何借助禮確保帝王的最高權威，就成爲漢代禮學最鮮明的特色。

　　作爲這種區別尊卑的禮學思想的延伸，賈誼除強調帝王應在身體層面強化禮容威儀外，還通過環境等手段來加強這種威儀的表現力。如他曾談到施禮場所，即朝廷建築及君臣各處其位的重要性：

> 　　人主之尊，辟無異堂。階陛九級者，堂高大幾六尺矣。若堂無陛級者，堂高殆不過尺矣。天子如堂，群臣如陛，眾庶如也，此其辟也。故堂之上，廉遠地則堂高，近地則堂卑。高者難攀，卑者易陵，理勢然也。故古者聖王制爲列等，內有大夫士，外有公侯伯子男，然後有官師小吏，施及庶人，等級分明，而天子加焉。故其尊不可及矣。〔註39〕

　　石階層疊，高堂大屋，對端坐其中的帝王就易產生高山仰止般的敬畏；朝堂之內，群臣按順序排列並與帝王保持一定距離，也是強化差異性，使臣子不敢輕漫的重要手段。在漢代，同樣作過御用哲學家的董仲舒也看到了這一點。他舉春秋時期宋閔公博弈時被大夫萬所殺的例子講：「古者人君立於

〔註38〕如《史記・太史公自序》云：「自曹參薦蓋公言黃老，而賈生、晁錯明申商，公孫弘以儒顯。」

〔註39〕《新書・階級篇》。

陰，大夫立於陽，所以別位，明貴賤。今與臣相對而博，置婦人在側，此君臣無別也。」〔註40〕這中間，無論是石階、高堂還是禮容威儀，都是爲了在君臣之間建立距離。而距離感的喪失（像宋閔公一樣與臣子博弈，並置婦人在側），就極易使距離建立的權威消失於日常生活中，使君主被禮儀包裝的神聖的身體重新成爲日常肉體凡胎式的身體。於此，距離的喪失與權威的喪失、與殺身之禍的降臨就有了因果關係。從這種因果關係看，封建時代之所以屢屢出現後宮或外戚專權、弒主的現象，應和這些人可以近距離地接觸皇帝、從而使其身體喪失神秘感和神聖性有關；而封建時代的皇帝之所以被稱爲「龍體」，史家也習慣強調帝王體徵的特異，也必然有通過帝王與一般人身體的差異來強化其權威的意圖在。〔註41〕

四、漢禮中的「隱」

值得注意的是，賈誼論帝王之禮容，並不是單一強調其「有威而可畏」的外顯的一面，而且重視其內隱的一面。如其所言：

> 龍也者，人主之辟也。亢龍往而不返，故易曰：「有悔。」悔者，凶也。潛龍入而不能出，故曰：「勿用。」勿用者，不可也。龍之神者，其惟蜚龍乎！能與細細，能與巨巨，能與高高，能與下下。吾故曰：「龍變無常，能幽能章。」故至人者，在小不寶，在大不宠，狎而不能作，習而不能順，姚不惜，卒不忘，饒裕不赢，迫不自喪，明是審非，察中居宜，此之謂威儀。〔註42〕

在這段話中，賈誼用亢龍、潛龍、蜚龍比喻帝王的三種治政方式：第一種是顯，第二種是隱，第一種是能隱能顯，能幽能彰。在賈誼看來，第三種無疑是最理想的方式。前面所言禮容威儀，無疑偏重於禮的顯，即陽剛的一面，但漢代儒家自陸賈開始，也十分重視禮的隱，即其陰柔的一面。如陸賈云：「君子之爲治也，塊然若無事，寂然若無聲，官府若無吏，亭落若無民。」〔註43〕「登高及遠，達幽洞冥，聽之無聲，視之無形，世人莫睹其兆，莫知

〔註40〕《春秋繁露‧王道》。
〔註41〕《史記‧高祖本紀》記劉邦體貌云：「高祖爲人，隆準而龍顏，美鬚髯，左股有七十二黑子。」史遷特別提到劉邦「左股有七十二黑子」，這方面的意圖相當明顯。
〔註42〕《新書‧客經》。
〔註43〕《新語‧慎微》。

其情，校修五經之本末，道德之眞僞，既□其意，而不見其人。」〔註44〕這種隱的方式，與前文所言的動用一切手段在人與人之間製造距離的方式相比，明顯是無爲而消極的。

中國哲學自先秦以來，也一直將這種無爲作爲帝王的最高的德行。在漢代，我們從《淮南子》中也可以看到類似的聖王形象。如其《主述訓》所云：「人主之居也，如日月之明也，……非淡薄無以明德，非寧靜無以致遠，非寬大無以兼覆，非慈厚無以懷眾，非平正無以制斷。」《原道訓》：「爲道關門，穆忞隱閔，純德獨存，布施而不即，用之而不勤。是故視之不見其形，聽之不聞其聲，循之不得其身。」這裡就提示給人一個問題，漢代儒家講帝王隱的一面似乎是近於道家的。或者說，他們強調禮的陽剛一面時近於法家，強調禮的陰柔一面時近於道家。

但事實如何呢？顯然，就像禮的政治價值一旦被認識就異化爲強化帝王權威的工具一樣，道家的無爲一旦其價值被認知，也會由道變爲術，成爲強化帝王權威的手段。在先秦，治身之道向帝王之術的變化，典型地體現在韓非子對老子的重新闡釋上（如其《解老》和《喻老》），老子的無爲之道，被韓非子改造成了帝王隱蔽自己、洞察群臣的權術。帝王的沉默形成了讓群臣爲之顫慄的威懾力，自隱則成了讓人高深莫測的神秘。在漢代，從陸賈到賈誼、《淮南子》、董仲舒，雖然沒有韓非子那麼赤裸，但將道家的道性無爲之論發展成帝王之術的傾向依然相當明顯。我們可以參照董仲舒如下的幾段話：

> 天高其位而下其施，藏其形而見其光。高其位，所以爲尊也；下其施，所以爲仁也；藏其形，所以爲神；見其光，所以爲明。……故爲人主者，法天之行，是故內深藏，所以爲神；外博觀，所以爲明也；任群賢，所以爲受成；乃不自勞於事，所以爲尊也。〔註45〕

> 爲人君者，其要貴神。神者，不可得而視也，不可得而聽也，是故視而不見其形，聽而不聞其聲。聲之不聞，故莫得其響；不見其形，故莫得其影。莫得其影則無以曲直也，莫得其響則無以清濁也。無以曲直則其功不可得而敗，無以清濁則其名不可得而度也。所謂不見其形者，非不見其進止之形也，言其所以進止不可得而見也。所謂不聞其聲者，非不聞其號令之聲也，言其所以號令不可得

〔註44〕《新語・術事》。
〔註45〕《春秋繁露・離合根》。

而聞也。不見不聞，是謂冥昏。能冥則明，能昏則彰，能冥能昏，是謂神人。君貴居冥而明其位，處陰而向陽，惡人見其情而欲知人之心。〔註46〕

為人君者居無為之位，行不言之教，寂而無聲，靜而無形，執一無端，為國源泉。因國以為身，因臣以為心。以臣言為聲，以臣事為形。有聲必有響，有形必有影。聲出於內，響報於外；形立於上，影應於下。……故為君虛心靜處，聰聽其響，明視其影，以行賞罰之象。〔註47〕

一國之君，猶一體之心也；隱居深宮，若心之藏於胸。〔註48〕

不管董仲舒出於什麼目的讓帝王隱身，但有一點是肯定的，即：這種隱身像禮一樣，在君臣之間製造了距離和差異。如果說禮容製造的距離意在凸顯帝王的尊貴和不可侵犯，那麼隱身則是通過強化神秘感使自己顯得不可測度、高深莫測。這也是使臣子無條件服從的重要方式。在此，值得注意的是董仲舒對帝王「不見其形，不聞其聲」的一個補充式說明，即：不是真正不見形、不聞聲，而是不讓臣子瞭解自己行動和號令的動機或原因（「惡人見其情。」）。顯然，如果帝王行事的動機、原因被臣子瞭解，就必然會有懷疑和爭論，這種懷疑和爭論則必然會對帝王行為的絕對正確性形成挑戰，進而威脅到帝王的權威。董仲舒也曾講過：「問聖人者，問其所為而無問其所以為。」〔註49〕這裡，董仲舒拒絕臣子追問帝王行事的原因，是為了捍衛帝王的絕對權威；拒絕庶人追問聖人敬天的原因，則是強調聖人之言的絕對真理性。而不管是哪一種，臣子和庶人都是盲目的執行者，他們沒有資格參與決策和思想。

盲目的執行者總是對下命令者保持最高度的忠誠。這一點在東西方都可得到印證。狄德羅在其《百科全書》「畢達哥拉斯學派」詞條下曾有如下記述：畢達哥拉斯教授兩類弟子，一類是他在幕簾後布道，弟子只聞其聲不見其形；另一類弟子則可以走到幕簾背後，既可聞其聲又可見其形。結果，第一類學生將老師的布道視為神的聲音，從不懷疑，遇到問題只是講：「畢達

〔註46〕　《春秋繁露・立元神》。
〔註47〕　《春秋繁露・保位權》。
〔註48〕　《春秋繁露・天地之行》。
〔註49〕　《春秋繁露・郊語》。

哥拉斯說過……」；第二類學生則將他的布道視為哲人的正常思維，他們不認為畢達哥拉斯就代表真理，而是追問畢達哥拉斯為什麼這樣說，甚至經常和他辯論。由此看，一旦學生與畢達哥拉斯失去距離，他就失去了神聖性，他的聲音就失去了魔力。〔註50〕西方有句諺語云：「在內侍的眼裏是沒有英雄的。」英雄在內侍眼裏之所以不再是英雄，原因無非在於經常的身體性接觸消解了英雄的神聖，使其由被神聖光環包裹的身體還原為與他人無異的肉身。據此我們也可以重溫《史記》中關於董仲舒本人的如下記載：

> 董仲舒，廣川人也。以治春秋，孝景時為博士。下帷講誦，弟
> 子以久次相受業，或莫見其面。蓋三年董仲舒不觀於舍園，其精如
> 此。進退容止，非禮不行，學士皆師之。〔註51〕

董仲舒為什麼在幕簾後面授課？為什麼讓弟子去教授弟子，以至於許多弟子從沒見過他的面？《史記》僅用治學勤奮去解釋顯然是難以令人信服的，因為再勤奮也不至於連和弟子見上一面的時間都沒有。可行的解釋只能是，他將教授漢武帝的帝王術用在了對弟子的駕馭上，即：愈不見面愈能強化自己的神秘感，愈能保證弟子對自己的絕對信仰和忠誠。在通過身體遮掩建立王權和思想的不可僭越性方面，韓非子、董仲舒無疑和畢達哥拉斯走到了一起。

以上，我們探討了漢代儒家對禮的認識和創建。其中，不管是對禮的表現力的強化，還是從相反方面極度取消現實性的禮容威儀，都表現了一種共同的傾向，即：向身體問題聚集，強調身體作為權力符號的意義。就後者而言，所謂的遮掩本身並不是目的，相反，自我遮掩反而是為了使身體的符號意義得到更強烈的昭彰。在此，如果說靠禮容可以使帝王以更閃亮、更有力的形象登場，那麼遮掩則可以為自己製造更強烈的吸引力。進而言之，遮掩也好，昭彰也罷，都是對前代禮學思想的工具化或操作化改造，其終極目的是建立一個尊卑、貴賤、大小、內外、遠近有序的等級制社會。這種因等級而體現出秩序感的社會形態，被封建時代的儒家認為是最美、最和諧的社會形態。據此，由禮所造就的身體的倫理、政治之美，也就成為建構美的社會形態的重要前提。

〔註50〕轉引自 Miran Bozovic: The Despotism of Body. 見《泄露隱情的寶石——狄德羅身體哲學的一個案例》，《美與時代》2005 年第 9 期下，作者譯。

〔註51〕《史記·儒林列傳》。

第二節　身體與樂及歌舞

一、漢代音樂狀況

中國音樂自孔子以來，即有雅俗之分。所謂雅，即先王之樂；所謂俗，即鄭衛之音。如孔子云：「惡紫之奪朱也，惡鄭聲之亂雅樂也。」〔註52〕「顏淵問為邦。子曰：『行夏之時，乘殷之輅，服周之冕，樂則韶舞。放鄭聲，遠佞人；鄭聲淫，佞人殆。』」〔註53〕但自孔子之後，所謂雅樂只是在國家的正式慶典或其他官方活動中才使用，日常生活中人們最熟悉、喜歡的還是世俗之樂。如戰國初期魏文侯曾告訴子夏云：「吾端冕而聽古樂則唯恐臥，聽鄭衛之音則不知倦。」〔註54〕孟子時期，齊宣王亦講：「寡人非能好先王之樂也，直好世俗之樂耳。」〔註55〕這種狀況到戰國末期愈演愈烈。如屈原《招魂》曾描寫士人的宴飲場面：「涉江採菱，發揚荷些。美人既醉，朱顏酡些。……二八齊容，起鄭舞些。衽若交竿，撫案下些。竽瑟狂會，填鳴鼓些。宮庭震驚，發激楚些。吳歈蔡謳，奏大呂些。士女雜坐，亂而不分些。」〔註56〕

有漢一代，政治上革暴秦之弊，文化上則表現出恢復華夏正典的強烈願望。但就音樂而言，這種恢復的努力卻是事倍功半。究其原因，可分為以下三個方面：首先，到了漢代，已經缺乏像孔子那樣真正懂得先王之樂的鑒賞家，無論在統治者還是在知識分子階層，雅樂都缺少真正的接受市場。其次，中國古典音樂的傳承不像詩、書一樣可以依託於文字符號，而是靠師徒相授，某一樂師的死亡往往意味著某一經典音樂的失傳。魏晉時期嵇康《廣陵散》的絕亡就證明了這一點。第三，漢代，音樂與政治的關係開始鬆動。雖然正統儒家依然講樂與政通，即所謂「治世之音安以樂，其政和；亂世之音怨以怒，其政乖；亡國之音哀以思，其民困」，〔註57〕但這種為政治教化提供根據的音樂理論，並沒有妨礙統治階層對俗樂的喜愛。

從歷史文獻看，漢代雅樂制度一直沒有成功建立起來。高祖時期，叔孫通曾「因秦樂人而製宗廟樂」。這種「宗廟樂」並非出自儒家正典，所以「見

〔註52〕　《論語・衛靈公》。
〔註53〕　《論語・陽貨》。
〔註54〕　《樂記・魏文侯》。
〔註55〕　《孟子・梁惠王下》。
〔註56〕　屈原：《招魂》。
〔註57〕　《樂記・樂本篇》。

非於齊魯之士」。〔註58〕與此同時，一些新的音樂元素進入雅樂的系統，如《史記》載：「高祖過沛詩《三侯之章》，令小兒歌之。高祖崩，令沛得以四時歌儛宗廟。孝惠、孝文、孝景無所增更，於樂府習常肆舊而已。」〔註59〕這裡所謂的「三侯之章」，即劉邦的「風起之詩」（即《大風歌》），〔註60〕與儒者推崇的先王之樂存在距離。漢武帝愛馬，他因為得到神馬而作《太一之歌》，後來征伐大宛得到千里馬，又以馬為主題作歌，並在國家重大典禮上演奏。因此受到大臣的尖銳批評。如汲黯云：

> 汲黯進曰：「凡王者作樂，上以承祖宗，下以化兆民。今陛下得馬，詩以為歌，協於宗廟，先帝百姓豈能知其音邪？」上默然不說。
>
> 〔註61〕

武帝以歌頌馬的音樂作為宗廟祭祀之樂，確實有點不倫不類。但真正的雅樂又在哪裏呢？在漢代，先朝的雅樂，即便有一些遺存，往往也因為演奏者不解其意或者統治者的個人趣味而無法被有效使用。如《漢書》云：「漢興，樂家有制氏，以雅樂聲律世世在大樂官，但能紀其鏗鎗鼓舞，而不能言其義。」〔註62〕漢武帝時，河間獻王劉德曾經向皇帝進獻自己搜集整理的雅樂，當時的大儒公孫弘、董仲舒都認為音中正雅，應該推廣，但是「自公卿大夫觀聽者，但聞鏗鎗，不曉其意，而欲以風諭眾庶，其道無由。」〔註63〕正是因為無法通曉這些「古樂」的意義，也有違當時統治者的欣賞趣味，並沒有引起武帝的重視。只是將它作為歷史遺產收藏在大樂官了事。〔註64〕

與這種雅樂式微的命運不同，俗樂卻在漢代大行其道。如班固記漢哀帝時俗樂在統治階層泛濫狀況云：

> 是時，鄭聲尤甚。黃門名倡丙彊、景武之屬，富顯於世；貴戚五侯定陵、富平外戚之家，淫侈過度，至與人主爭女樂。〔註65〕

有時，這種俗樂，甚至成為國家慶典和祭祀的主導性音樂。如班固云：「今

〔註58〕《漢書・禮樂志》。
〔註59〕《史記・樂書》。
〔註60〕參《漢書・禮樂志》。
〔註61〕《史記・樂書》。
〔註62〕《漢書・禮樂志》。
〔註63〕《漢書・禮樂志》。
〔註64〕如《漢書・禮樂志》云：「天子下大樂官，常存肆之，歲時以備數，然不常御。常御及郊廟皆非雅聲。」
〔註65〕《漢書・禮樂志》。

漢郊廟詩歌，未有祖宗之事，八音調均，又不協於鍾律，而內有掖庭材人，外有上林樂府，皆以鄭聲施於朝廷。」〔註66〕這種狀況，讓當時倡導禮樂之治的儒者大發感慨。如班固云：「今大漢繼周，久曠大儀，未有立禮成樂，此賈誼、仲舒、王吉、劉向之徒所爲發憤而增歎也。」〔註67〕

對於俗樂，理智所要拒絕的情感卻偏要接受；對於雅樂，理智所應接受的情感卻偏要拒絕。這大概就是漢人對於音樂的一般態度。同時，在漢代，由於音樂具有除教化之外不可否認的娛樂功能，所以除了正統的儒家外，其他思想家對鄭衛之音多能給予肯定和寬容。如司馬遷云：「海內人道益深，其德益至，所樂者益異。滿而不損則溢，盈而不持則傾。……故云雅頌之音理而民正，嘄噭之聲興而士奮，鄭衛之曲動而心淫。及其調和諧合，鳥獸盡感，而況懷五常，含好惡，自然之勢也。」〔註68〕在此，雖然司馬遷也提到「鄭衛之曲動而心淫」，但他卻將其視爲可以「調和諧合」的重要音樂元素，認爲人對鄭衛之音的喜愛是「自然之勢」。這與孔子「放鄭聲」的決絕態度顯然有大大不同。在當時，一些有主見的統治者則給予鄭衛之音更直接的肯定，如漢宣帝云：「辭賦大者與古詩同意，小者辯麗可喜。闢如女工有綺縠，音樂有鄭衛，今世俗猶皆以此說耳目。」〔註69〕另外，在儒家內部，對鄭衛之音也不是完全持否定的態度，有的人不但自奏自賞，甚至親自給帝王演奏。如東漢思想家桓譚，善鼓琴，曾多次爲光武帝彈奏「鄭聲」。〔註70〕

以上之所以用較長的篇幅分析漢代音樂的發展狀況，主要是基於以下的考慮：首先，俗樂是一種身體性音樂，它建基於肉體的快感。尤其與充滿感性色彩的歌和具有身體暗示性的舞蹈配在一起，給人帶來的更是全方位的身體滿足。這種特點，從前文所引屈原的《招魂》已可明顯看的出來。其次，

〔註66〕 《漢書・禮樂志》。

〔註67〕 《漢書・禮樂志》。

〔註68〕 《史記・樂書》。

〔註69〕 《漢書》卷六十四《王褒傳》。

〔註70〕 《後漢書》卷二十六《宋弘傳》載：「帝嘗問〔宋〕弘通博之士，弘乃薦沛國桓譚才學洽聞，幾能及揚雄、劉向父子。於是召譚拜議郎、給事中。帝每讌，輒令鼓琴，好其繁聲。弘聞之不悅，悔於舉薦，伺譚內出，正朝服坐府上，遣吏召之。譚至，不與席而讓之曰：『吾所以薦子者，欲令輔國家以道德也，而今數進鄭聲以亂雅頌，非忠正者也。能自改邪？將令相舉以法乎？』譚頓首辭謝，良久乃遣之。後大會群臣，帝使譚鼓琴，譚見弘，失其常度。帝怪問之。弘乃離席免冠謝曰：『臣所以薦桓譚者，望能以忠正導主，而令朝廷耽悅鄭聲，臣之罪也。』帝改容謝，使反服，其後遂不復令譚給事中。」

漢代的樂論，由於延續了自孔子以來的樂教傳統，加上眞正知音的儒家很少，總體上體現出與現實音樂實踐脫離的傾向，但處於漢代雅俗雜合的時代背景下，正統的音樂理論也無形中納入了感性因素，表現出從身體出發理解音樂的傾向。第三，像前面已經談到的，不善抽象思維是漢代思想的整體特徵，任何抽象的東西都往往被落實爲比喻性的感性闡釋。具體到音樂而言，其傳達媒介是聲音，具有抽象的性質。對此，漢人專注的是音樂的發生問題和音樂的效果問題，音樂本身是什麼並沒有講清楚。這種狀況雖然對音樂的傳承極爲不利，但卻更有利於音樂理論與身體建立緊密的聯繫。比如，音樂的發生問題，顯然和人對音樂的身體性欲求有關，音樂的效果也必然首先帶來的是身體性的歡娛。也就是說，漢人的感性，使他們更傾向於從身體角度理解音樂，從而使身體成爲漢代樂論的核心問題之一。

二、樂由心生與心音相感

　　漢人講音樂的發生，一般基於身體的本源性，即所謂「凡音之起，由人心生也」。〔註71〕這裡的「心」不是一個抽象的功能性概念，而是作爲人體生命中樞的生理器官。司馬遷云：「夫人有血氣心知之性，而無哀樂喜怒之常，應感而後動，然後心術形焉。」〔註72〕其中，「血氣心知之性」是人的本然，是人心靜的側面；「哀樂喜怒」則是人心動的側面，也可以說是生理性的「心」生發出了感性的「欲」或「情」。〔註73〕在司馬遷看來，這種心理層面的情感之心不是「心之本」，而是「心之術」，即心「應感而後動」的功能。所謂的心之本指的是人的「血氣之心」，即身體性的心。

　　但是，音樂作爲一種動態的藝術，它一方面建基於人靜態的生理之心，另一方面則必然與心理的運動狀態發生著更直接的關聯。所以，漢人論音樂，既在身體層面爲音樂確立本源，又以「感物而動」的情作爲它的直接起點。如史遷云：「樂者，音之所由生也，其本在人心感於物也。是故其哀心感者，其聲噍以殺；其樂心感者，其聲嘽以緩；其喜心感者，其聲發以散；其怒心感者，其聲粗以厲；其敬心感者，其聲直以廉；其愛心感者，其聲和以柔。六者非性也，感於物而後動，是故先王愼所以感也。」〔註74〕從這段話看，

〔註71〕《史記・樂書》。另如《樂記・樂本篇》云：「凡音者，生於人心者也。」
〔註72〕《史記・樂書》。
〔註73〕如《樂記・樂論》云：「人生而靜，天之性也。感於物而動，性之欲也。」
〔註74〕《史記・樂書》。

音樂與人的關聯，是與人心動的側面的關聯，而這種人心之動又來自於與外部世界的感應。人因與外部世界的感應而起情，這種作爲「心之動」的情感的屬性又進一步決定著音樂的風格和屬性。從這種推理可以看出，如果說人的心是身體性的，那麼這種音樂就是人的身體屬性的外在延伸，是以聲音的形式表現了人的身體。在此，史遷也提到，人的哀、樂、喜、怒、敬、愛六種情感「非性也」，這也意味著音樂是對人心動態側面的摹擬。中國音樂之所以往往以「靜」作爲音樂的最高境界，即所謂「大音希聲」，則必然意味著從動態的情復歸到靜態的性是人存在的最佳狀態。由此，人心的動靜與音樂的動靜就有了鮮明的對應關係。

董仲舒在談到雅樂經數代衰微依然會遺韻猶存的原因時說：「聲發於和而本於情，接於肌膚，臧於骨髓。故王道雖微缺，而筦弦之聲未衰也。」〔註75〕這裡的「接於肌膚，臧於骨髓」，明顯是對「樂由心生」的更具體化闡釋，也可以看出漢人所言的心，是對內在生命全方位促成音樂產生的一種簡化表述方式。按照董氏的講法，人的音樂基因潛存於生命的深層（「骨髓」），浸潤於身體的每個部位（「肌膚」）；音樂所「本」的「情」，則是人從心、骨髓到皮膚的整體性身體反應，即所謂「樂者，盈於內而動發於外者也。」〔註76〕進而言之，身體性的情「動發於外」而表現爲音聲，情的變化又決定著音樂風格的變化，由此，人的身體也就在與音樂的聯動中成爲一個整體，人的身體性與音樂的身體性也就形成了同形同構關係。

從董仲舒在音樂與人之間建立的聯動關係不難看出，他對音樂發生的理解與其天人感應論大有關係，或者說，音樂與人身體的對應關係只不過是他以類相感思維方式的一個具體表現。前文已經談到，氣化觀念幾乎滲透到漢人對一切哲學和藝術問題的認識中。就音樂發生問題而論，唯氣論的影響可以從司馬遷如下的一段話看到：

> 凡姦聲感人而逆氣應之，逆氣成象而淫樂興焉。正聲感人而順氣應之，順氣成象而和樂生焉。倡和有應，回邪曲直各歸其分，而萬物之理以類相動也。〔註77〕

如果說音樂與人形成了身體性的感應關係，那麼，司馬遷的這段話就很

〔註75〕《漢書·董仲舒傳·天人三策》。
〔註76〕《春秋繁露·楚莊王》。
〔註77〕《史記·樂書》。

好地解決了兩者相感的媒介和途徑問題。這種媒介就是氣，這種途徑就是氣的運動導致的萬物「以類相動」。借助這種感應論和氣化論，司馬遷在其《樂書》的結尾，對音樂與人體的對應關係進行了更具體的闡釋，如其所言：

> 故音樂者，所以動盪血脈，通流精神而和正心也。故宮動脾而和正聖，商動肺而和正義，角動肝而和正仁，徵動心而和正體，羽動腎而和正智。故樂所以內輔正心而外異貴賤也。〔註78〕

從這段話可以看出，司馬遷在認同「同類相感」這一點上，和《淮南子》、董仲舒以及《黃帝內經》是一致的。唯一不同的是，《淮南子》和董仲舒都沒有言及音樂與人的身體器官的對應關係，司馬遷的看法應是對「同類相感」理論在音樂領域的一個拓展。同時，這種對應也為漢人認識音樂的效果提供了生理基礎。也就是說，正是音樂與人體的內部器官存在著一一對應的互動關係，或者寬泛地說，正是由於音樂是按照人身體的規律造型，它對人的教化功能才更有針對性。正如司馬遷接著講的：

> 故聞宮音，使人溫舒而廣大；聞商音，使人方正而好義；聞角音，使人惻隱而愛人；聞徵音，使人樂善而好施；聞羽音，使人整齊而好禮。……故君子不可須臾離樂，須臾離樂則姦邪之行窮內。故樂音者，君子之所養義也。〔註79〕

三、音樂的功能

音樂，發於心而本於情，所以它必然能反過來對人的心、情形成影響。這種影響，一方面體現為由生理的快適導致的身心和樂，進而形成健全的人格和良好的品德，另一方面也會導致情慾的衝動和泛濫，進而外化為邪惡的行為。這種音樂功能的兩面性，正是孔子以降的儒家在雅樂與鄭聲之間做出區別的原因所在。

司馬遷在《樂書》中，明顯意識到了這種音樂功能的兩面性，所以他在人「發情為聲」的初始，就對這「情」的屬性提出了要求，即：為了保證作為音樂內在促動的情感的正確，他強調「反情以和其志」，用偏於理性的「志」

〔註78〕《史記・樂書》。又及：《呂氏春秋・十二紀》和《禮記・月令》也有將四季、五音、五藏等統一組入一個自然體系的實例。這一方面證明史遷對音樂的看法其來有自，另一方面也可看出他將《呂覽》中散亂的議論中剝離出音樂思想的貢獻。

〔註79〕《史記・樂書》。

來規範「情」。如其所言：「君子反情以和其志，比類以成其行。姦聲亂色不留聰明，淫樂廢禮不接於心術，惰慢邪辟之氣不設於身體，使耳目口鼻心知百體皆由順正，以行其義。然後發以聲音，文以琴瑟，動以干戚，飾以羽旄，從以簫管，奮至德之光，動四氣之和，以著萬物之理。」〔註80〕有了這種心志的規範作基礎，所發出的聲音必然是中正平和之音。這種聲音配以伴奏、舞蹈，就形成了「發乎情止乎禮義」的雅樂。由此看，正樂的前提是君子的正身，身正而樂正。用這種起於中正平和之心的音樂教育人民，必然會收到正面效果——「五色成文而不亂，八風從律而不姦，百度得數而有常；小大相成，終始相生，倡和清濁，代相爲經。故樂行而倫清，耳目聰明，血氣和平，移風易俗，天下皆寧。」〔註81〕

《孝經》云：「移風易俗，莫善於樂。安上治民，莫善於禮。」〔註82〕值得注意的是，司馬遷的《樂書》以及漢代其他樂論在講到音樂的教化作用時，都是以身體爲發端的，即首先肯定音樂使每個個體「耳目聰明，血氣和平」，然後才擴而廣之，產生「天下皆寧」的普遍效果。在此，音樂對每個個體的改變成爲改變天下的前提。但同時必須看到，音樂不同於禮對人的強制性規訓，或者說不同於禮用一套預置的格式匡正人的行爲，它的教化作用來自對人自然而然的改變，是一種快樂教育，更符合人性。這正是從荀子到司馬遷、《樂記》一直強調「樂化」的原因所在。〔註83〕同時，不同知識、文化背景的人，對同一首音樂會有不同的接受期待，也會有不同的審美感受，即「君子樂得其道，小人樂得其欲」。對於這種情況，從荀子到《樂書》、《樂記》也重複了同一個命題，即「以道制欲」。如荀子言：「以道制欲，則樂而不亂；以欲忘道，則惑而不樂。是故君子反情以和其志，廣樂以成其教。」〔註84〕也就是說，對於有道德的君子，他不會因追求欲望的快感而忘道；對於小人，則存在「以欲忘道」的危險。面對這種情況，對「小人」進行樂教，通過提高其道德修養達到「以道制欲」的效果，就顯得十分重要。

〔註80〕《史記‧樂書》。
〔註81〕《史記‧樂書》。
〔註82〕《孝經‧廣要道章》。
〔註83〕參《荀子‧樂論篇》，《史記‧樂書》，《樂記‧樂化篇》。
〔註84〕見《荀子‧樂論》，《史記‧樂書》，《樂記‧樂化篇》。從文義可以看出，「以道制欲」的「制」絕對不可能是刑罰的強制或禮的規訓，而應該是「有所節制」的「制」。這才符合樂教讓人自然生發中正平和之心的宗旨。

　　如果音樂提高人道德品質的目的需要借助樂教來實現，這就意味著人對音樂的領悟是有差等的，也意味著對音樂的領悟程度決定著一個人道德可達的境界。對此，漢代思想者是有明晰認識的，如《樂記》云：「知聲而不知音者，禽獸也。知音而不知樂者，眾庶是也。惟君子為能知樂。是故審聲以知音，審音以知樂，審樂以知政，而治道備矣。是故不知聲者，不可與言音；不知音者，不可與言樂。知樂則極於禮矣。禮樂皆備，謂之有德，德者得也。」〔註85〕在此，《樂記》排出了一個有序的音樂階梯和道德階梯，僅知聲者為禽獸，僅知聲、音者為眾庶，最後，只有君子才真正知樂。這種排列不但賦予了君子實施樂教的責任，而且導出了樂與禮相接合的極致境界（「知樂則極於禮矣。」）。這種樂與禮的最終接合意味著，人合秩序的美的行為（「禮」）的形成，不一定非要通過外在的規訓，也可以通過內在的藝術薰陶。如史遷云：「致樂以治心，則易直子諒之心油然生矣。易直子諒之心生則樂，樂則安，安則久，久則天，天則神。天則不言而信，神則不怒而威。」〔註86〕這裡的「不怒而威」正是禮所要達到的效果。由此看來，雖然「樂由中出，禮自外作」，〔註87〕但它們的根本目標卻是一致的，即：禮的形式性要求可以反過來形成人內心的誠敬，樂對人內心道德感的自然生發也可以形成外在行為的合規律合目的性。雙方最終在互滲互融中，共同造就了一個身心和諧、文質彬彬的君子。

　　樂，就其本質而言，具有一種非理性的狂歡氣質。它和禮的關係，有點類似於尼采所講的酒神精神和日神精神的關係。但是，儒家哲學的人學理想是造就文質彬彬的社會紳士，這就使樂的狂歡特質在以禮節樂、以理制欲的觀念中被規約。那麼，這種被規約後的樂能為人展示一種什麼樣的社會圖景呢？可以認為，這種圖景就是跨越由禮製造的尊卑、貴賤、上下、內外的差異，走向人與人之間無差別的「和」。這也是「樂和同，禮辨異」之論可以提示給人的東西。比較言之，禮作為一種製造社會等級的手段，它代表了現實殘酷的理性的一面，而樂則可以通過音樂的普遍可傳達性讓人重新團結在一起。從這個角度講，樂有一種緩和社會矛盾、填補等級鴻溝的作用。

　　從歷史文獻看，樂對社會分裂確實有修復功能。比如關於音樂，戰國時期的孟子曾和齊宣王進行過一次著名的對話：

〔註85〕《樂記・樂本篇》。
〔註86〕《史記・樂書》，又見《樂記・樂化篇》。
〔註87〕《樂記・樂論篇》。

日：「獨樂樂，與人樂樂，孰樂？」曰：「不若與人。」

日：「與少樂樂，與眾樂樂，孰樂？」曰：「不若與眾。」〔註88〕

　　人在與他人共享音樂時能得到更大的快樂，這正是音樂具有促進人類團結、造就社會和諧功能的心理根據。從前面所引漢代文獻看，當時思想家對這一問題是有敏銳認識的，即：在個體層面，音樂可以造就身心和諧；在社會層面，音樂可以修復由等級製造成的社會分裂；在人與自然層面，可以實現「大樂與天地同和」。這種不斷放大的「和」的功能，正是儒家重視音樂的根本原因，也是儒家倫理學由個人倫理走向社會倫理，進一步走向自然倫理的一個重要途徑。

四、音樂向歌舞的生發

　　嚴格來講，雖然音樂給人帶來的體驗是身體性的，但音樂作爲一種樂音運動的形式，它僅能作用於人的聽覺，本身並不能表現爲視覺形象。但在中國古代，音樂卻用另一種方式顯現爲形象，即歌舞。從《史記・樂書》和《漢書・禮樂志》可以看到，漢代史家並沒有專爲歌舞列專節記述，而是放在論樂的部分。這說明在當時人們心目中，樂並不是現代意義上純粹訴諸聽覺的音樂，而是在樂（le）的意義上包含了歌舞。也就是說，樂作爲爲人帶來身心愉快的綜合藝術形式，它不但表現爲聲音，而且表現爲視覺形象。班固云：「哀有哭踊之節，樂有歌舞之容。」〔註89〕蔡邕云：「樂容曰舞，有俯仰張翕，行綴長短之制。」〔註90〕這裡的「樂有歌舞之容」、「樂容曰舞」之論，正是通過將歌舞作爲樂的形體表現，將三者納入到了一個統一的範疇。

　　「樂由中出，禮自外作」，從古人關於樂與禮的定位看，凡是出於心靈的東西都應廣義上屬於樂的範圍。《樂記》云：「詩，言其志也；歌，詠其聲也；舞，動其容也。三者本乎心，然後樂氣從之。是故情深而文明，氣盛而化神，和順積中而英華發外，唯樂不可以爲僞。」〔註91〕這意味著，後世所謂詩、樂、舞同源之論，雖然言中了藝術起源的統一性，但這種統一在古代卻是被統一於樂。其中，詩爲合乎韻律的誦詩或歌詩，舞爲合乎節奏的樂舞，樂貫穿於詩、歌、舞的始終，即所謂「出用樂者，言舞不失節，能以樂終也。」

〔註88〕　《孟子・梁惠王下》。
〔註89〕　《漢書・禮樂志》。
〔註90〕　蔡邕：《月令章句》，見《藝文類聚・樂部三》。
〔註91〕　《史記・樂書》。

〔註92〕同時，詩、歌、舞對人的作用，也不是各自單一地發生作用，而是以綜合的形式造就人的健康形象。如史遷云：「故聽其雅頌之聲，志意得廣焉；執其干戚，習其俯仰詘信，容貌得莊焉；行其綴兆，要其節奏，行列得正焉，進退得齊焉。故樂者天地之齊，中和之紀。」〔註93〕

　　傅毅云：「歌以詠言，舞以盡意，是以論其詩不如聽其聲，聽其聲不如察其形。《激楚》、《結鳳》、《陽阿》之舞，材人之窮觀，天下之至妙。」〔註94〕確實，樂作爲一種起於心源的東西，不管它在歌與舞的層面如何外化爲身體性的表現，就其作爲音樂存在本身而言，卻無法像舞蹈一樣直接訴諸感性形象。這就引人思考一個問題，即：樂除了通過對歌舞的包容而獲得形象外，是否它自身有向形象生成的內在動能？從漢代文獻看，關於音樂向歌舞等感性形式的生成，當時人是有深刻認識的。現將相關材料摘錄於下：

　　　　夫聲色五味，遠國異珍，瑰奇異物，足以變心易志、搖蕩精神、感動血氣者，不可勝計也。……凡人之性，心和欲得其樂。樂斯動，動斯蹈，蹈斯蕩，蕩斯歌，歌斯舞，歌舞則禽獸跳矣。〔註95〕

　　　　詩者，志之所之也，在心爲志，發言爲詩。情動於中而形於言，言之不足，故嗟歎之，嗟歎之不足故永歌之，永歌之不足，不知手之舞之，足之蹈之也。〔註96〕

　　　　故歌者，上如抗，下如隊，曲如折，止如槁木，居中矩，句中鉤，累累乎殷如貫珠，故歌之爲言也，長言之也。說之，故言之：言之不足，故長言之；長言之不足，故嗟歎之；嗟歎之不足，故不知手之舞之足之蹈之。〔註97〕

　　　　詩人感而後思，思而後積，積而後滿，滿而後作。言之不足，故嗟歎之，嗟歎之不足，故詠歌之，詠歌之不厭，不知手之舞之足之蹈之也。〔註98〕

　　　　樂何以必歌者何？夫歌者口言之也，中心喜樂，口欲歌之，手欲

〔註92〕《漢書・禮樂志》。
〔註93〕《樂記・樂象篇》。
〔註94〕傅毅：《舞賦》。
〔註95〕《淮南子・本經訓》。
〔註96〕《毛詩序》。
〔註97〕《史記・樂書》，又見《樂記・師乙篇》。
〔註98〕王褒：《四子講德論》，見李善注《文選》卷五十一。

舞之，足欲蹈之。故《尚書》曰：「先歌後舞，假於上下。」〔註99〕

在先秦文獻中，也有類似的說法，如《尚書》云：「夔！命汝典樂，教冑子……詩言志，歌永言，聲依永，律和聲。八音克諧，無相奪倫，神人以和。夔曰：『於！予擊石拊石，百獸率舞。』」〔註100〕孟子云：「樂斯二者（仁、義），樂則生矣；生則何可已矣；惡可已，則不知足之蹈之，手之舞之。」〔註101〕但比較言之，先秦對無形之樂向有形之舞生成的認識並不像漢人認識的那樣清晰。像《尚書》中舜帝的樂論，至「神人以和」已達最高境界，而所謂的「百獸率舞」是一種音樂現象描述，而不是對音樂可以使「百獸率舞」的自覺認識。孟子倒是講了心對人體的激發、聯動作用，但他講的是仁義的作用，而不是音樂的作用；他說的「樂」是快樂的「樂」，而不是音樂的樂。

漢代這種關於「手舞足蹈」的樂論告訴了我們，樂作為由詩、歌、舞共同構成的藝術形式，它們都發於心源。以此為起點，各藝術元素的表現體現出「先後出場」式的秩序感。其中，心通過與外物的感應而鼓蕩起情感，情感的積聚使常規的語言無法表達或宣泄，於是寄予嗟歎；單靠「嗟歎」不足以表達心情，於是又有了歌曲式的詠歎。詠歎的狀態即一般音樂的狀態。由於這種狀態使情感充盈於身體的每一個部位，所以必然進一步導致身體的聯動，從心理經驗轉化為外部身體行為，於是有了手舞足蹈。上引文獻在談到音樂引發人「手之舞之，足之蹈之」時，幾乎都在前面加上了「不知」二字，這一方面說明從心理（情）到行為（舞）變化的無意識性，另一方面也說明音樂對人行為的激發帶有鮮明的非理性色彩。

從以上分析看，漢代人理解的樂，既是一個構成性（詩、歌、樂、舞）概念，也是一個生成性（從心到情，從情到言，從言到歌，從歌到舞）的概念。這種構成性意味著漢代像先秦一樣，文學藝術的一些主要類型還沒有完成分化，藝術的文字表達、聲音表達、身體表達之間的界限尚不明晰。這種生成性則意味著，樂是一個動態的範疇，它貫穿於心與身、意識與無意識、理性與非理性等各種狀態，是身體整體的運動。但是，也正是因為音樂能使人的身體擺脫理性的控制，甚至做出非禮舉動，它也就有了正和反、積極與消極兩種作用，這和儒家在理性基礎上建構身體和諧的目標存在一定矛盾。

〔註99〕 《白虎通德論·禮樂》。
〔註100〕 《尚書·虞書·舜典》。
〔註101〕 《孟子·離婁上》。

〔註102〕司馬遷云：「夫樂不可妄興也。」〔註103〕正是看到了音樂可能導致非理性泛濫的危險。基於對音樂可能誘發人情感和行爲失範的擔心，漢代儒家一般主張以禮正樂，以樂和禮，將音樂帶來的身體之歡限定在合乎禮儀的範圍之內。

第三節　身體與服飾

一、服裝與權力

　　服裝，其意義既在人體的保護，又在人體的表現。就其保護功能而言，又可分爲二：一是防止寒暖冷熱對身體的侵害，二是避免由身體裸露產生的恥感。《白虎通義》云：「衣，隱也。」〔註104〕「黃帝堯舜垂衣裳而天下治」，〔註105〕正是說著裝可以使人避免裸露相向的羞恥，是人從野蠻走向文明的標誌。

　　服裝對人體的表現，可分爲以下幾個方面：首先，人都有自我妝扮的需要，服裝可以使人體之美得到更鮮明的表現，即所謂「衣必常暖，然後求麗」。〔註106〕其次，在等級制社會，服裝具有對人擁有的政治權力、社會地位進行區隔的意義。通過觀察不同階層著裝的差別，可以對其社會地位做出直觀的判斷。第三，在古代，服裝材料多取自自然，其款式、色彩、紋飾也多是對自然物象的摹仿。所以它從本質上暗示著人與自然、與外部世界的關聯。同時，服裝隨季節而在材質、色彩、紋飾上發生變化，這也彰顯了人與自然的統一關係。從這種分析可以看出，服裝作爲人體的附加物，它具有實用、裝飾和符號等多重意義。在人的實用需要得到滿足的前提下，其裝飾、符號意義會得到充分凸顯。這種裝飾和符號的意義，從審美、倫理、政治等諸多層面強化著人體的表現力，從而使服裝成爲價值和意義的載體。

　　前文已經講過，漢朝立國之初，政治秩序的混亂促使統治階層用禮約束人的行爲。禮通過在人與人之間建立距離分出貴賤尊卑，使位高權重者在卑

〔註102〕樂與舞的正面作用，在《呂氏春秋》中甚至被具體到身體的生理秩序層面。如其《仲夏紀·古樂》云：「昔陶唐氏之始，陰多滯伏而湛積，水道壅塞，不行其原，民氣鬱閼而滯著，筋骨瑟縮不達，故作爲舞以宣導之。」這點在漢代並沒有得到強調。
〔註103〕《史記·樂書》。
〔註104〕《廣雅·釋器》。
〔註105〕《白虎通德論·衣裳》。
〔註106〕《墨子》佚文，見劉向《說苑·反質篇》。

賤者的敬畏中獲得心理滿足，也使位卑權輕者在尊貴者的垂愛中獲得心理的歸屬感。但這裡必然會進一步提出一個問題，即：人就其身體而言具有類同性——帝王與草民一樣，都是肉體凡胎，形貌大同小異。這種類同對帝王權威的合法性是一個致命的否定，因爲人們極易想到，既然每人擁有一個大致相同的身體，他們就應該擁有同樣的財富、地位和權力。對此，中國古代從身體層面爲權力尋找依據的方法有兩種，一是強調帝王在體徵上與常人相異，二是通過服裝強化其身體對權力的表現力。司馬遷在《史記·高祖本紀》中，曾特意提到劉邦「隆準龍顏，左股有七十二黑子」，正是用異於常人的體徵爲其做皇帝尋找依據。但是，這種體徵的異常並不足以在君臣之間製造大的差別，因爲劉邦的「黑子」畢竟是長在左股上，而不是長在視覺可及的地方。在這種背景下，單由身體確立權力的神聖是靠不住的，還必須靠服裝凸顯統治者與常人的差異。

基於這種認識，漢初，劉邦除接受叔孫通的建議制禮外，還專門召集大臣討論自己應該穿什麼樣的服裝。如其《天子所服》記云：

> 大謁者臣章受詔長樂宮，曰：「令群臣議天子所服，以安天下。」相國臣何、御史大夫臣昌謹與將軍臣陵、太子太傅臣通等議：「春夏秋冬天子所服，當法天地之數，中得人和。故自天子王侯有土之君，下及兆民，能法天地，順四時，以治國家，身亡禍殃，年壽永究，是奉宗廟安天下之大禮也。臣請法之。中謁者趙堯舉春，李舜舉夏，兒湯舉秋，貢禹舉冬，四人各職一時。」大謁者襄章奏，制曰：「可」。
> 〔註107〕

這段話，雖然沒有明講「天子所服」與常人之服有何差異，但就其「法天地之數，中得人和」的特性看，其目的必然是要通過服裝凸顯自己作爲帝王無人可及的尊貴。這種尊貴感，必然會在服裝的質料、制式、色彩、紋飾等方面得到表現。

二、賈誼的服裝政治學

有漢一代，自劉邦論「天子所服」起，一直試圖建立一套與封建王權相適應的服飾制度。「改正朔，易服色」是自文帝至武帝時期長期議論的重要政治問題。在這一時期，真正從理論上爲當時服制立法的政治家是賈誼。下面

〔註107〕見《漢書·魏相丙吉傳》。

結合他的《新書》作一分析：

　　首先，賈誼從身體角度論述了以服飾區分尊卑貴賤的必要性。如他所言：「人之情不異，面目狀貌同類；貴賤之別，非人人天根著於形容也。所持以別貴賤明尊卑者，等級權力、衣服號令也。亂且不息，滑曼無紀，天理則同，人事無別。然則所謂臣主者，非有相臨之具，尊卑之經也，特面形而異之耳。近習乎形貌然後能識，則疏遠無所放，眾庶無以期，則下何能不疑上？君臣同倫，異等同服，則上何能不眩於其下？」〔註108〕從這段話可以看出，賈誼作為一位理智的思想家，他並不相信天賦皇權，更不相信聖王必有異於常人之相。在這一點上，他與陳勝用「王侯將相寧有種乎」表達的立場是一致的。考慮到兩漢彌漫於思想界的上天「授命」思想和泛濫於官方和民間的相術，這種反迷信的思想顯得尤為可貴。但是，賈誼的思想畢竟以服務於封建等級制為目的。當他認定人的體徵不足以區別貴賤，就必然會在身體之外尋找替代性方案。他所講的「等級權力，衣服號令也」，正是試圖通過人著裝的差異以使其尊卑貴賤得到直觀的表現。

　　在賈誼看來，帝王作為臣子以及天下黎民的中心人物，僅僅與他人有面形的差異是遠遠不夠的。這是因為，只有近臣才辨認出天子的形貌，包括地方官員及黎民在內的其他人並無緣一睹天子的真顏。這種狀況，在缺乏現代傳媒將領導人的形象傳佈到每個家庭的時代，明顯會影響帝王權力的投放。有時，即便帝王站在面前卻依然會滿懷狐疑，從而對權力的有效行使造成不利影響。另外，「君臣同倫，異等同服」，會使帝王混淆於常人之中，這不但會導致臣子對帝王心理上的輕漫，甚至僭越的野心，而且會因「中心」的迷失而讓天下人無所適從，不知誰是應該忠誠的對象。基於這些原因，從服裝上將帝王從一般人之中凸顯出來，就不僅僅是一般的尊卑區分問題，而且是加強政權效率、易於對權力中樞做出直觀辨識的問題。

　　權力不是一個抽象的概念，它體現在具體的感性行動中。在信息傳播不發達的古代，如果沒有服裝上的差異使權力主體具象化，又沒有現代傳媒使權力主體讓天下人辨認，就極易因臣下的疑惑造成權力行使的無效。從現代劇作中我們屢屢可以看到皇帝微服私訪的情節。這中間，皇帝「微服」的過程，就是他混同於一般百姓的過程。這種「微服」給民眾造成的錯覺，從相反方面證明了封建時代服裝與權力密不可分的關係。當然，除了皇帝需要服

〔註108〕《新語‧等齊篇》。

裝進行特別的標識之外，賈誼認爲，整個政權機構都應體現出權力分配和服裝差異的對應關係。這種服裝作爲權力和官銜大小的符號，直觀地確認了人與人之間的主從關係，避免了由權力爭執和權力主體的疑惑而導致的政權秩序的混亂，即所謂：「衣服疑者，是謂爭先；澤厚疑者，是謂爭賞；權力疑者，是謂爭強……近則冀幸，疑則比爭。是以等級分明，則下不得疑。」〔註109〕

當政治等級制需要體現爲直觀化的感性形象時，它也就由政治等級制延伸爲服裝等級制。那麼這種服裝等級制是如何建立的呢？賈誼認爲：「制服之道，取至適至和以予民，至美至神進之帝。奇服文章，以等上下而差貴賤。」〔註110〕在此，賈誼提出了服裝的兩個原則：一是普通百姓，服裝應該「至適至合」。也就是說，這一階層的人沒有權力和官階需要服裝表現，他們的服裝應強調實用性，強調身體的舒適感和合體。二是帝王，他是人中最尊貴者，所以穿著需要「至美至神」——既凸顯其顯貴，又使其形象得到輝煌的表現。由這種對普通百姓和帝王服裝的規定，我們也就可以順利成章地瞭解，處於兩者之間的各級官員應著什麼樣的服裝，即：按照官階從大到小的順序，其審美側面的品質依次下降，實用側面的價值依次上昇。這樣，權力的階梯制就外化爲服裝的階梯制，人的貴賤尊卑借助服裝的表現變得一目了然，一個有序的社會也就藉此得以建立。正如賈誼所言：

> 高下疑，則名號疑，則權力疑，則事勢異，則旗章疑，則符瑞異，則符瑞異，則禮寵疑，則秩祿異，則冠履異，則衣帶異，則環佩異，則車馬異，則妻妾異，則澤厚異，則宮室異，則床笫異，則器皿異，則飲食異，則祭祀異，則死喪異。〔註111〕

在這種由服裝及相應制度製造的差異中，人陞遷，其服飾就相應地向更高品級上昇；人降職，其服飾等的品級就相應地下降。有了這種有序的服飾制度，不但使天下人「見其服而知貴賤，望其章而知其勢」，而且可以使每個人都安於自己的地位和職分，使整個社會保持有序運轉，即：「人定其心，各著其目，故眾多而天下不眩，傳遠而天下識只。臣不幾可以疑主，賤不可以冒貴。下不凌等，則上位尊；臣不踰級，則主位安；謹守法紀，則亂無由生。」〔註112〕

〔註109〕《新書・服疑篇》。
〔註110〕《新書・服疑篇》。
〔註111〕《新書・服疑篇》。
〔註112〕此段引文均見《新書・服疑篇》。

賈誼以服裝爲主體編制的社會等級制，絕對沒有誇大服裝在封建時代的功能。由於法制的不健全或者儒家倫理對法制的天然抵制，再加上資源的短缺、信息傳播手段的落後，社會中的任何一種東西都可能被符號化，成爲對他人形成威懾和制約的工具。服裝作爲一個與權力主體最貼近、也最具表現力的東西，它的符號功能當然會被充分地強調。〔註 113〕基於這種認識，賈誼對漢初服制的混亂進行了尖銳批判。在他看來，人出於虛榮心「以衣棄妾」，「刑餘鬻妾下賤，衣服得過諸侯，擬天子」，〔註 114〕不僅導致了社會尊卑不分、貴賤難明，而且會造成財富的大量浪費。一些富商巨賈用皇家專用的布料裝飾牆壁，商人之妻、倡優與皇后所用飾品毫無區別，更是對社會等級制的威脅。〔註 115〕據此他認爲，禁止百姓穿文繡之服，既是出於政治考慮，也符合經濟上的節儉原則。如其所言：「黼黻文繡纂組害女工，且夫百人作之，不能衣一人……故以文繡衣民，而民愈寒，以褕民，民必暖，而有餘布帛之饒矣。」〔註 116〕

賈誼的服裝理論可稱爲審美的服裝政治學。其審美屬性體現在兩個方面：一是對服裝感性表現力的強調。他用「至美至神」來講天子所服，無非是說美的服裝可達至「神」的效果。二是他試圖借助服裝建構一個秩序化的社會，這種社會形態與無章可循的亂世相比，明顯是人所渴望的審美化的社會。但是，種種迹象表明，賈誼的這種構想也僅僅是停留在構想的層面，並沒有在當時社會付諸實踐。這是因爲，賈誼生活在黃老之學作爲官方哲學的時代。黃老講究道法自然，無爲而治，與民休息，與儒家隆禮重服的思想尖銳對立。黃老的這種觀念在後出的《淮南子》裏體現的十分明顯。如其所言：

> 三苗髽首，羌人括領，中國冠笄，越人劗鬋，其於服一也。帝顓頊之法，婦人不避男子於路者，拂之於四達之衢；今之國都，男女切踦，肩摩於道，其於欲一也。故四夷之俗之禮不同，皆尊其主而愛其親，敬其兄；獫狁之俗相反，皆慈其子而嚴其上。〔註 117〕

> 禮樂相詭，制服相反，然而皆不失親疏之恩、上下之倫。今握

〔註 113〕在封建時代，黃色曾長期作爲皇家的專用色彩，一個人謀逆或叛逆的標誌也是私造皇服或黃袍加身，這正是服裝承載著美學、倫理學、政治學等多重意義的證明。

〔註 114〕《新書·瑰瑋篇》。

〔註 115〕參見《新書·孽產子篇》。

〔註 116〕《新書·瑰瑋篇》。

〔註 117〕《淮南子·齊俗訓》。

        一君之法籍，以非傳代之俗，譬由膠柱而調瑟也。〔註118〕

在《淮南子》看來，服裝製造出來的尊卑，由於沒有源於內心的敬愛做基礎，必然是舍本求末；服裝並不能成為決定人是否尊主、愛親、敬兄的因素。如果按照儒家尊奉的古制，用固定的服裝模式將人裝入秩序的格套之中，必然是不知變通，膠柱鼓瑟。

另外，賈誼生活於漢文帝執政時期。這位帝王不僅是黃老之學的忠實信奉者，而且是中國歷史上有名的節儉皇帝，讓他穿「至美至神」的「奇服」幾乎沒有任何可能性。他執政 23 年，「宮室苑囿狗馬服御無所增益」。同時，他不但自己著裝節儉，而且對後宮提出了嚴格要求，如《史記》記云：「上常衣綈衣，所幸慎夫人，令衣不得曳地，幃帳不得文繡，以示敦樸，為天下先。」〔註119〕據此，我們不但可以明白賈誼的服飾理論為什麼在當時難以推行，而且也可以瞭解當時富商裝飾牆壁的布料為什麼會與皇帝的穿著相同了。

三、董仲舒的服裝哲學

賈誼曾先後做過長沙王和梁懷王的太傅。從他的服飾理論在當時沒有得到任何實踐的迹象看，這極可能是用來教育王子的。自史遷以來，人們往往因賈誼一生命運多舛而將他與屈原聯繫在一起，這種命運，從他的服飾理論與現實政治（黃老之學）的矛盾也可看出端倪。比較言之，西漢另一個試圖以禮為帝制立法的大儒董仲舒，其理論的命運卻比賈誼要好得多。他一生最重要的時間生活在以隆儒著稱的漢武帝時期，雖然仕途不順，卻以在野的身份做了帝王師。如《漢書》云：「仲舒在家，朝廷如有大議，使使者及廷尉張湯就其家而問之。」〔註120〕他關於服飾的看法，與賈誼一脈相承而有新的發展。

首先，關於服裝的意義，董仲舒講：「凡衣裳之生也，為蓋形煖身也。然而染五采，飾文章者，非以為益肌膚血氣之情也，將以貴貴尊賢，而明別上下之倫，使教亟行，使化易成，為治為之也。若去其度制，使人人從其欲，快其意，以逐無窮，是大亂人倫，而靡斯材用也，失文采所逐生之意矣。」〔註121〕從這段話看，董仲舒將服裝的價值分為兩個方面：一為「蓋形暖身」的實

〔註118〕《淮南子·齊俗訓》。
〔註119〕《史記·孝文本紀》。
〔註120〕《漢書·董仲舒傳》。
〔註121〕《春秋繁露·度制》。

用價值，一爲「明別上下」的社會政治價值。與這種價值的兩重性相對應，他認爲，服裝就其蓋形暖體而言，單有皮料和布料就夠了，而之所以要在服裝外面飾以五彩，繡以文章，則是爲了標識一個人的地位和權力。也就是說，外在裝飾使服裝由物質性的實用價值上昇爲精神性的倫理甚至政治價值。當然，按照現代觀念，服裝由實用向政治、倫理價值的躍升，中間必有審美作爲其過渡環節，或者說，正是五彩、文章的審美價值才能使著裝者爲人羨慕，顯得尊貴。對此，董仲舒顯然還是有所認識的，如他談到服裝「益肌膚血氣之情」，顯然近於審美的快適。而他說五彩文章「非以爲益肌膚血氣之情也」，並不是他要否定這種審美快適的存在，而是說爲了服裝「貴貴尊賢而明別上下之倫」這一更高目的，可以忽略它的存在。

　　與先秦相比，對審美價值的忽視是漢代儒學的普遍特點，也是現行的中國美學史寫到漢代往往感到無所適從的原因所在。之所以會出現這種情況，當和漢儒急於在政治上爲這個龐大的帝國建立規範有關。也就是說，爲了政權建設這一大問題，包括美在內的其他問題都可以暫時忽略不計。但是，這種審美維度的理論匱乏，並不能成爲拒絕把漢儒提出的一系列問題作爲美學問題討論的充分理由。比如董仲舒論服裝，其審美價值沒有被強調，但這種忽略和缺省本身就構成了一個美學現象。就像今天的「反美學」可以構成一種美學一樣，美學的缺席也必然是一種美學現象。同時還應看到，疆域廣闊的漢朝帝國對於當時的儒家而言，有點像 19 世紀初期的西方世界之於黑格爾。在這一時期，西方思想家爲了適應資本主義的全球擴張，普遍在哲學上選擇了宏大敘事的方式。如黑格爾所言：「在我們生活著的這一個時代裏，精神的普遍性已經大大地加強，個別性已理所當然地變的不再重要，而且普遍性還在堅持著並要求佔有它的整個範圍和既成財富，因而精神的全部事業中屬於個人活動範圍的那一部分，只能是微不足道。」〔註 122〕在這樣一種時代背景下，審美判斷作爲一種私人化的單稱判斷，它追求的個別性和非功利性，與哲學追求普遍和實用的現實要求相背離。但從另一方面講，這種對個別性的忽視卻成就了美的整體性，對私人情感的忽視卻造就了整個時代崇高而莊嚴的審美氣象。如董仲舒云：「貴賤有等，衣服有制，朝廷有位，鄉黨有序，則民有所讓而不敢爭，所以一之也。」〔註 123〕可以認爲，賈誼、董仲舒所追

〔註 122〕黑格爾：《精神現象學》，商務印書館 1978 年版，第 50 頁。
〔註 123〕《春秋繁露‧度制》。

求的秩序、建立在等級制基礎上的社會統一，正是這種美的整體觀念的現實反映。〔註 124〕

其次，為了服務於這種整體性的目標，董仲舒對服裝的要求分為兩個方面：（一）服制總是在與相關制度的配合中才能生成整體效應。如其所言：「飲食有量，衣服有制，宮室有度，畜產人徒有數，舟車甲器有禁。」〔註 125〕明顯是以服製作為構築有序社會的要素之一。（二）像賈誼一樣，董仲舒也對當時社會著裝失序的狀況深惡痛絕，但兩者又有區別。前者只是將亂象描述出來，讓帝王去做判斷；後者則不但有帝王師的霸氣，而且講的更具體。如其所言：

> 率得十六國而三分之，則各度爵而制服，量祿而用財……雖有
> 賢才美體，無其爵不敢服其服；雖有富家多貲，無其祿不敢用其財。
> 天子服有文章，不得以燕公於朝；將軍大夫不得以燕；將軍大夫以
> 朝官吏；命士止於帶緣。散民不敢服雜綵，百工商賈不敢服狐貉，
> 刑餘戮民不敢服絲玄纁乘馬，謂之服制。〔註 126〕

在董仲舒看來，一個人著裝的美醜、所用質料的貴賤，對應的不是一個人的賢能與不肖、美貌與醜陋，也不是財富的多少，而是他爵位的品級。有德、有美、有財均不意味著他能穿華貴的服裝，只有爵位才是其衣著華貴的決定條件。這種觀點，明顯是以政治標準壓倒一切，或者說以政治標準取消其他一切標準。對今人而言，這種典型的服裝專制主義不但有違常理，而且讓人匪夷所思，但是，就其服務於建設有序社會的構想而言，卻依然有其審美化的終極關懷在裏面。

第三，從《春秋繁露》可以看到，董仲舒不僅從社會政治角度判定服裝的意義，而且進一步推及到自然。比如，他曾經指導地方官員和百姓如何求雨。由於求雨的前提是建立天與人的感應和溝通，所以對人服裝的要求就不僅是順應社會規律，而是進一步順應自然規律。如其所言：

> 春旱求雨，令縣邑以水日禱社稷山川……祝齋三日，服蒼

〔註 124〕可以認為，漢代大一統的社會，要求大一統的哲學，並進而促成了董仲舒美學觀念的一統性或整體性。或者說，一統的社會、一統的哲學與一統的美學具有相互對位關係，董仲舒對服裝之美的忽視，正反映了那個時代「大行不顧細謹」式的時代精神。

〔註 125〕《春秋繁露·服制》。

〔註 126〕《春秋繁露·服制》。

衣，……小童八人，皆齋三日，服青衣而舞之。田嗇夫亦齋三日，服青衣而立之。

夏求雨，令縣邑以水日，家人祀竈，……祝齋三日，服赤衣，……壯者七人，皆齋三日，服赤衣而舞之。司空嗇夫亦齋三日，服赤衣而立之。

季夏禱山陵以助之。令縣邑十日壹徙市，於邑南門之外……令各爲祝齋三日，衣黃衣，……丈夫五人，皆齋三日，服黃衣而舞之。老者五人，亦齋三日，衣黃衣而立之。

秋暴巫尫至九日，無舉火事，無煎金器，家人祠門。……衣白衣，他如春……鰥者九人，皆齋三日，服白衣而舞之。司馬亦齋三日，衣白衣而立之。

冬舞龍六日，禱於名山以助之。家人祠井。無壅水。……祝齋三日，衣黑衣，祝禮如春。……尉亦齋三日，服黑衣而立之。〔註127〕

在這裡，董仲舒以服裝的青、赤、黃、白、黑對應於春、夏、季夏、秋、冬五季，將服裝之於社會的意義進一步放大到了之於自然的意義。這是他用陰陽五行爲儒家補形而上學的必然結果，也是將儒家的解釋領域從社會進一步向自然蔓延的努力。這種「以服配天」的服裝哲學，立於董仲舒的天人同體論和天人感應論。也就是說，既然人頭象天、腳象地、髮象星辰、耳目象日月、鼻口象風氣，甚至五臟（腎、肝、心、肺、膽）也與天地同類相動，那麼，服色與四季（或五季）的相配，就是天人同體或相感關係的自然延伸，並成爲天與人總體對應的有機組成部分。《樂記》云：「大樂與天地同和，大禮與天地同節。」〔註128〕正是講人不但在生理本質上與自然具有一致性，而且包括服裝（「禮服」）在內的其他身體元素也可以與天地自然保持同一種脈動和節律。在這裡，漢代由服裝暗示的對美的整體性的追求，就不但表現爲社會政治秩序的一統性，而且表現爲人與自然的一統性。

四、服色、服制與自然

從《尚書・洪範》和《史記・宋微子世家》看，中國哲學中的五行觀念

〔註127〕《春秋繁露・求雨》。
〔註128〕《樂記・樂論篇》。

起碼可追溯到殷周之際。這種觀念以金、木、水、火、土作爲自然界具有本質意義的五種元素（五行），然後按照以類相推的認識方式，衍生出五味、五音、五色等關於物質屬性及表象的分類。在先秦，將五行觀念與服裝色彩進行類比的文獻見於《呂氏春秋》。在其《十二紀》中，作爲一般色彩分類的「五色」被進一步具體化爲服飾的「五彩」。〔註 129〕在漢代，從漢高祖《天子所服》表達的思想看，漢朝立國之初，對服裝色彩與自然的對位關係是有認識的。如其中講：「春夏秋冬天子所服，當法天地之數，中得人和。」所謂「法天地之數」，必然是要以服色與天地四季相配。《漢書》記賈誼云：「誼以爲漢興三十餘年，天下合洽，宜改正朔，易服色，法制度，定官名，興禮樂。乃草具其議法。色上黃，數用五，爲官名。」〔註 130〕其中的「易服色」、「色上黃，數用五」云云，明顯是以黃色作爲漢王朝的正色，然後以五行來推演四季的服色。此後，好儒的的漢武帝又在他登基的元年議「改正朔，易服色」之事，但因爲竇太后的反對而沒有推行」。〔註 131〕從以上這種情況看，自漢初至武帝元年，雖然「以服配天」的理論一直沒有有效實施，但這種理論必然對當時的政治和民間祭祀活動形成了影響。

《後漢書》中，曾載有東漢明帝時期郊祭的禮儀，據此可以瞭解漢代官方活動中服色與天地四季關係的大致情形。如其中言：

> 立春之日，迎春於東郊，祭青帝句芒。車旗服飾皆青。歌《青陽》，八佾舞《雲翹》之舞。

> 立夏之日，迎夏於南郊，祭赤帝祝融。車旗服飾皆赤。歌《硃明》，八佾舞《雲翹》之舞。

> 先立秋十八日，迎黃帝於中北，祭黃帝后土。車旗服飾皆黃。

〔註 129〕可參閱《呂氏春秋·十二紀》各「紀」的首節。

〔註 130〕《漢書·賈誼傳》。其中所謂「色上黃」，是因爲按照五行理論，東方爲青，南方爲赤，西方爲金，北方爲黑，中間爲黃。漢王朝居天地之中，所以以黃爲正色。另外，董子爲了四季與五色相配，在春夏秋冬四季中，單單在春夏和秋冬的中間部位切割了一個「季夏」以和黃對應，也是出於相同的考慮。又及：文帝 14 年，朝廷曾有「改正朔，易服色」之議，但由於漢在金木水火土五德中居何位置沒有定論，被擱置。如《史記·孝文本紀》云：「是時北平侯張蒼爲丞相，方明律曆。魯人公孫臣上書，陳終始傳五德事，言方今土德時，土德應黃龍見，當改正朔服色制度。天子下其事與丞相議，丞相推以爲今水德，始明終十月上黑事，以爲其言非是，請罷之。」

〔註 131〕《史記·孝武本紀》。

歌《祕明》，八佾舞《雲翹》、《育命》之舞。

　　立秋之日，迎秋於西郊，祭白帝蓐收。車旗服飾皆白。歌《西皓》，八佾舞《育命》之舞。

　　立冬之日，迎冬於北郊，祭黑帝玄冥。車旗服飾皆黑。歌《玄冥》，八佾舞《育命》之舞。〔註132〕

　　陰陽五行與四季祭服的對應，解決的是服色問題。除此之外，還有服裝的形制、款式與自然的關係問題。按《後漢書‧祭祀》對服裝史的描述，服裝的發展可分爲四個階段：（一）人在上古時期穴居野處，往往出於保暖需要隨便往身上披裹動物的毛皮，不太講究服色與服形。（二）後來，聖人將服裝材料由自然生產的獸皮改爲人工種植、加工的絲麻。同時，看到自然界美麗的「翬翟之文，榮華之色」，有了摹仿的欲望，於是「染帛以傚之，始作五采，成以爲服」。在服裝的形式方面，「見鳥獸有冠角髯鬍之制，遂作冠冕纓蕤，以爲首飾」。（三）再後來，隨著空間視野的擴大，人對單個自然物象的摹仿開始讓位於對天地宇宙的宏觀再現。比如，看到茫茫蒼穹，黃色的土地，於是「上衣玄，下裳黃」，使服裝成爲天地格局的映象形式。（四）再後來，社會等級制確立，壯觀、美麗的自然物象和威猛的動物往往被用作尊貴者的服裝圖案，而低級的自然和動植物形象則被用於相對卑微者的服色裝飾。即所謂：「日月星辰，山龍華蟲，作繢宗彝，藻火粉米，黼黻絺繡，以五彩章施於五色作服。天子備章，公自山以下，侯伯自華蟲以下，子男自藻火以下，卿大夫自粉米以下」。由此，人間的等級制就靠服裝對自然物象的再現，而與一個同樣被賦予等級的自然世界發生了聯動。〔註133〕

　　上段所引文字雖然出自南朝范曄的《後漢書》，但基本意思已在西漢的伏生及其弟子的《尚書大傳》中得到了明確表述，所以應該反映了漢人關於服裝發展的思想。這種服裝的摹仿論，以及在摹仿的基礎上建立服裝等級制的思想，將漢代關於服裝的美學、倫理學、政治學、哲學思考，堅實地建立在了歷史發生論的根基上，使現實的服裝實踐有了歷史的依據。其中，由於服裝樣式來自對自然的摹仿，它就以人工的方式再見了自然；由於服裝服務於人的需要，它也就在保護人體的前提下對人體的感性之美進行了表現。同時，由於服裝在一個等級制社會中被賦予區分尊卑貴賤的功能，而服裝的文

〔註132〕《後漢書‧祭祀中》
〔註133〕本段引文均見《後漢書‧祭祀下》。

飾圖案又是做出這種區分的顯在標誌，這就將社會等級制延伸到了自然，使社會與自然對象的價值判斷實現了在服裝上的凝聚。這種服裝，在實用層面保護著人體，在審美層面表現著人體，在倫理和政治層面反映著人的職分和社會等級，在哲學和歷史層面折射著人對自然的性質認定與價值判斷。

第四節　全能身體的形成與解構

一、全能的身體

　　馬克思說：「人的本質並不是單個人所固有的抽象物，在其現實性上，它是一切社會關係的總和。」〔註 134〕人的這種社會本質意味著，他不僅是被父母給予的自然的身體，而且是各種社會關係的集合體。父母的孕育是他的第一次誕生，由自然向社會的生成則是他的第二次誕生。在這種第二次誕生中，他被各種社會法則規訓，被各種藝術和習俗薰染，成為按照美、倫理、政治等諸多社會原則重新造型的身體。這種身體最大限度地遏制了動物性，處處體現出被人的尺度規定的社會性內容。

　　漢代哲學和美學，正是在人獸之辨中，強調了禮樂服飾對人重塑和再造的功能。如揚雄云：「天下有三門：由於情俗，入自禽門；由於禮義，入自人門。」〔註 135〕《樂記》云：「知聲而不知音者，禽獸也。」〔註 136〕至於著裝，無論就其自我保護還是自我遮蔽、自我彰顯的功能而言，都是人的獨特需要，是人獸之別的重要標誌。關於禮樂服飾對人的重塑之功，揚雄曾經在西漢末年滿懷自豪和感慨地說：「漢興二百一十載而中天，其庶也乎！辟雍以本之，校學以教之，禮樂以容之，輿服以表之，復其井、刑，勉（免）人役，唐矣夫！」〔註 137〕其中的「辟雍」、「校學」涉及人倫教育，「復井、刑，勉人役」涉及政治、經濟制度，唯有這「禮樂以容之，輿服以表之」卻涉及形貌和風儀，是對儒學教化之功的直觀體現。

　　那麼，這種被禮樂服飾所塑造的身體表現出的是一種什麼形象呢？我們可以借賈誼和董仲舒對聖王和君子的描繪獲得較為直觀的印象。首先，如賈

〔註 134〕《馬克思恩格斯選集》第 4 卷，人民出版社 1972 年版，第 243 頁。
〔註 135〕《法言・修身篇》。
〔註 136〕《樂記・樂本篇》。
〔註 137〕《法言・孝至卷》。

誼云：

> 古者聖王，居有法則，動有文章，位執戒輔，鳴玉以行。鳴玉者，佩玉也，上有雙珩，下有雙璜，衝牙蠙珠，以納其閒，琚瑀以雜之。行以采薺，趨以肆夏，步中規，折中矩。登車則馬行而鸞鳴，鸞鳴而和應，聲曰和，和則敬。故詩曰：「和鸞雝雝，萬福攸同。」言動以紀度，則萬福之所聚也。故曰：明君在位可畏，施捨可愛，進退可度，周旋可則，容貌可觀，作事可法，德行可象，聲氣可樂，動作有文，言語有章，以承其上，以接其等，以臨其下，以畜其民。故爲之上者，敬而信之，等者親而重之，下者畏而愛之，民者肅而樂之。……夫有威而可畏謂之威，有儀而可象謂之文。富不可爲量，多不可爲數。故詩曰：「威儀棣棣，不可選也。」棣棣，富也；不可選，眾也。言接君臣上下，父子兄弟，內外大小品事之各有容志也。
>
> 〔註138〕

其次，董仲舒云：

> 天地之生萬物也以養人，故其可適者以養身體，其可威者以爲容服，禮之所爲興也。劍之在左，青龍之象也。刀之在右，白虎之象也。韍之在前，赤鳥之象也。冠之在首，玄武之象也。四者，人之盛飾也。夫能通古今，別然不然，乃能服此也。蓋玄武者，貌之最嚴有威者也，其像在後，其服反居首，武之至而不用矣……夫執介胄而後能拒敵者，故非聖人之所貴也。，君子顯之於服，而勇武者消其志於貌也矣。故文德爲貴，而威武爲下，此天下之所以永全也。……是以君子所服爲上矣，故望之儼然者，亦已至矣，豈可不察乎！〔註139〕

　　賈誼和董仲舒所描繪的聖王和君子，一偏於文，一偏於武；一偏於仁，一偏於威，應有各自所奉之漢主（文帝與武帝）個性風格作爲比照的因素。從賈誼所寫聖王看，他一舉一動、一言一行、待人接物，無不體現出禮儀圓融、文質彬彬的君子風度：走起路來佩玉和鳴，坐在車上鸞鳴和應，具有天然的樂感。他的威儀是「仁者無敵」的威儀，他的容貌是由對禮儀的自由實踐而體現出的美的風儀。與此相比，董仲舒所寫的君子，體現出的則是由禮

〔註138〕《新書・禮篇》。
〔註139〕《春秋繁露・服制像》。

容而生出的剛猛的威儀，偏於崇高和壯美，與被時人稱爲「勇怒子」的漢武帝有幾分神似。〔註140〕但這種劍左刀右、皷前冠首的形象，依然是由「禮之所興」。按照董仲舒的解釋，「至武而不用」正是君子威德之所在；內蘊仁德，外望儼然正是君子之氣象。至於左青龍右白虎、前赤鳥後玄武，則是由服飾所造就的比天同地的偉人。這種偉大的形象的產生，與董子哲學將人向天地自然放大的思路有密切關係。

在賈誼和董仲舒之間，無論禮樂服飾塑造出哪一種形象，都是對人自然存在的超越，都是靠工具理性「化性起僞」的結果。如荀子云：「性者，本始材樸也；僞者，文理隆盛也。無性則僞之無所加，無僞則性不能自美。」〔註141〕正是通過禮對人行爲的規範、樂對內心的陶養、服飾對外形的包裝，使原本「二足而無毛」的材料性身體眞正成爲屬人的道德化身體。當然，按照道家的觀點，人被禮樂服飾重塑的過程是喪失其自由本性的過程，但在儒家看來，人經過系統的訓練和對禮的長期踐履，他就會從被禮樂服飾限制的不自由轉化爲運用禮樂服飾應對各種問題的自由，從被道德制度的外在規訓轉化爲道成肉身。直至感到「仁義禮智，非外鑠我也，我固有之也」，這時，被動適應禮樂制度的不適也就轉化爲主動踐行的愉悅。最後，他靠禮儀的指引，處理任何事情都遊刃有餘；靠音樂的心理調適，面對一切痛苦都可從容應對；靠服飾的包裝，以尊貴而得體的形象表現著自己的威儀和美。從人的角度講，他華實相副、文質彬彬，可稱爲「社會的紳士」；從身體的角度講，它無疑被塑造成了無懈可擊的全能身體。

二、禮樂服飾與造人的歧途

漢代哲學和美學講禮樂服飾，基本上接續的是荀子的思路。這一點從漢人對荀子《禮論》和《樂論》的大量轉引就可以看得非常清楚。同時，就孟、荀比較而言，孟子將他對禮的認識堅定地建立在性善論的基礎上，進而認爲「理義悅我心，猶芻豢悅我口」。〔註142〕這種對人性的樂觀和對人類的信心固然可貴，但由於政治制度總是建立在對人的有效制約和管理的基礎上的，所以一旦付諸實踐必然面臨巨大困難。從這種情況看，荀子的性惡論爲介入政治的儒家提供了「有爲」的機會，他的「化性起僞」則爲禮樂的實施提供了

〔註140〕「勇怒子」稱謂見桓譚《新論‧譴非篇》。
〔註141〕《荀子‧禮論》。
〔註142〕《孟子‧告子上》。

一條可循的操作路徑。

　　孟子與荀子的不同，是道德理想主義與道德現實主義的不同。按照荀子的理解，一個文質彬彬的禮樂化身體是本然之「性」與文理之「偽」的融合，即「性偽合，然後成聖人之名」。〔註143〕但在具體實踐中，這種結合卻往往意味著天理與人欲、外文與內野、自然與人爲的尖銳鬥爭。正如狄德羅所言：「您願意知道幾乎全部人類受難史的梗概嗎？這就是曾經有一個自然的人存在著，這個人的內部被放進了一個人爲的人，於是洞穴裏發生了一場內戰，一直延續到終生。」〔註144〕根據這種判斷，禮樂服飾對人的規訓，可能使人在弗洛伊德式的「超我」層面獲得自由，但它卻使人付出了喪失自我的代價；性與偽的結合可能塑造一種理欲兩得的人，但也可能在人體內部挑起理與欲的矛盾，從而造就大批「滿口仁義道德，一肚子男盜女娼」的偽君子。

　　正是由於禮儀壓抑人性的必然性，在漢代，儒家以禮樂服飾對人進行文明化限制的過程，也是他受到尖銳批判的過程。如《淮南子》云：「今夫儒者，不本其所欲，而禁其所欲；不原其所樂，而閉其所樂；是猶決江河之源，而障之以手也。」〔註145〕在《淮南子》看來，儒家「不原人情之終始，而務以行相反之」，只可能造成人「言與行相悖，情與貌相反」的虛偽。按照人的本性，外在規訓給予人的壓抑越強烈，他越會以變本加厲的方式追求欲望的放縱和補償，即「禮飾以煩，樂優以淫」。〔註146〕據此，《淮南子》反問：「禮義節行，又何以窮至治之本哉？」「世之明事者多離道德之本，曰禮義足以治天下，此未可言術也。所謂禮義者，五帝三王之法籍風俗，一世之迹也。譬若芻狗土龍之始成，文以青黃，絹以綺繡，纏以朱絲，尸祝袀袨，大夫冠冕，以送迎之。及其已用之後，則壤土草芥而已，夫有孰貴之？」〔註147〕

　　在漢代，王莽應算是這種「明乎禮而陋乎知人心」的儒學造就的一個怪胎。王莽出身貴戚世家，但因父早喪，幼年時代即陷入生活的困頓。《漢書》記其早年行狀云：「莽獨孤貧，因折節爲恭儉。受《禮經》，師事沛郡陳參，勤身博學，被服如儒生。事母及寡嫂，養孤兄子，行甚敕備。又外交英俊，

〔註143〕《荀子·禮論》。
〔註144〕狄德羅：《拉摩的侄兒》，商務印書館1981年版，第45頁。
〔註145〕《淮南子·精神訓》。
〔註146〕《淮南子·齊俗訓》。
〔註147〕《淮南子·齊俗訓》。

內事諸父，曲有禮意。世父大將軍鳳病，莽侍疾，親嘗藥，亂首垢面，不解衣帶連月。」〔註148〕就是這樣一個受儒家禮教規訓、進退曲恭有禮、被時人視爲在世周公的人，其實早年就「匿情求名」，中年之後則「色取仁而行違」，這種知與行的矛盾確實是儒家禮教失敗的例證。如班固云：「自書傳所載亂臣賊子無道之人，考其禍敗，未有如莽之甚也。昔秦燔《詩》、《書》以立私議，莽誦《六藝》以文姦言，同歸殊途，」〔註149〕另外，像一般漢儒極力推崇古代禮儀服制一樣，王莽也「嘉慕前聖之治，而簡薄漢家法令，故多變更，欲事事效古。」但是，他「美先聖製度，而不知己之不能行其事。釋近趨遠，所尚非務，故致高義，退致廢亂，此不知大體也。」〔註150〕從這個角度講，本來生活在世易時移的漢世，卻將早已消亡的先朝禮樂服飾搬出來框在自己身上，這不但給人帶來時空倒錯的巨大不適感，而且必然造成古代禮儀與個體情慾、先朝言行與當下情勢的錯位。這種錯位在人格方面造就的是僞君子，在實務方面造就的是實踐的侏儒。比如王莽，儒學知識淵博，對禮容威儀掌握嫻熟，「智足以飾非奪是，辨能窮詰說士，威則震懼群下」，〔註151〕但既沒有成爲堯舜式的聖王，也沒有成爲曹操式的奸雄，反而成了既無道德力又無實踐力的小人儒，這不能不說是深具諷刺意味的。

由以上分析可以看出，漢儒遵循古制炮製的一套禮樂服飾制度，如果不是人性的自由選擇，極易導致人性的異化和扭曲，並使人的身體不再屬於自己，而僅僅成爲禮樂服飾等文化符號的附屬品。正是基於對這種人性異化的警惕，董仲舒用「寧質而無文」對他的禮學觀進行修正。如其所言：「志爲質，物爲文，文著於質，質不居文，文安施質？質文兼備，然後其禮成；文質偏行，不得有我爾之名；俱不能備而偏行之，寧有質而無文。」〔註152〕關於服飾的倫理意義，《淮南子》則以喪儀爲例表明，沒有愛敬情感作基礎的喪儀禮服，只是空洞的形式，它的存在對已逝者只會具有諷刺意義。如其所言：「被衰戴絰，戲笑其中，雖致之三年，失孝之本也。」〔註153〕董仲舒也講：「喪云喪云，衣服云乎哉？」〔註154〕與此一致，劉向則借先朝故事表

〔註148〕《漢書・王莽傳》。
〔註149〕《漢書・王莽傳》。
〔註150〕《新論・言體篇》。
〔註151〕《新論・言體篇》。
〔註152〕《春秋繁露・玉杯》。
〔註153〕《淮南子・本經訓》。
〔註154〕《春秋繁露・玉杯》。

達了他對以服裝區分尊卑的不同看法。如其所言：

> 林既衣韋衣而朝齊景公，齊景公曰：「此君子之服也，小人之服
> 也？」林既逡巡而作色曰：「夫服事何足以端士行乎。昔者荊爲長劍
> 危冠，令尹子西出焉；齊短衣而遂偀之冠，管仲、隰朋出焉；越文
> 身剪髮，范蠡、大夫種出焉；西戎左衽而椎結，由余亦出焉。即如
> 君言，衣狗裘者當犬吠，衣羊裘者當羊鳴。且君衣狐裘而朝，意者
> 得無變乎？」〔註155〕

　　東漢儒家在回答漢章帝人爲什麼以狐爲裘時曾講：「因狐死首丘，明君子
不忘本也。羔者，取其跪乳遜順也。」〔註156〕這明顯是一種近乎荒唐的附衍。
但漢代的服制正是在這種附衍中獲得了道德的正當性。劉向在這段引文中舉
出的許多歷史例證，就是要將服裝與尊卑、上下、君子小人之關係攔腰斬斷，
讓服裝減損其道德意義，回到它適合人的生理和審美需要的本源。

　　至於樂舞歌詩，從漢代史料看，除了國家的正式慶典之外，先王之音或
雅樂對人的日常生活更沒有形成值得注意的影響。這有前文言及的漢代禮崩
樂壞的原因，但更重要的原因則必然是它已不適應人當下的審美趣味。從前
文已引的關於桓譚爲光武帝賦琴的材料可以看出，桓譚作爲一代名儒，他對
鄭衛之音並沒有偏見；光武帝在被宋弘以儒家道德意識形態干預之前，也並
沒有意識到鄭聲給人帶來的審美愉快有什麼問題。另外，從桓譚的《琴道》、
傅毅的《舞賦》以及漢代產生的大量關於愛情的樂府詩看，情感與審美價值
依然構成了那一時代藝術的主要價值。也就是說，漢代樂論對音樂倫理和政
治價值的強調，除了代表官方意識形態之外，並沒有主導宮廷和士紳階層的
日常判斷。

三、理欲衝突與禮樂制度的危機

　　董仲舒云：「《春秋》之序道也，先質而後文，右志而左物。故曰：『禮云
禮云，玉帛云乎哉！』推而進之，亦宜曰：朝云朝云，辭令云乎哉！『樂云
樂云，鐘鼓云乎哉！』引而後之，亦宜曰：喪云喪云，衣服云乎哉！是故孔
子立新王之道，明其貴志以反和，見其好誠以滅僞。」〔註157〕從這段話看，
即便是漢代最正統的儒家，也不主張以禮樂服飾對人做出純形式的制約，而

〔註155〕《說苑・善說篇》。
〔註156〕《白虎通德論・衣裳》。
〔註157〕《春秋繁露・玉杯》。

要求這種制度的施行要建立在內在情感的基礎上。這與賈誼的形式決定論有區別。但從上文列舉的王莽「誦《六藝》以文姦言」的官場情形、《淮南子》所講的「被衰戴絰，戲笑其中」的孝親之儀看，讓人為一種僵化、復古而且反人性的禮樂制度產生情感，這未免太強人所難。或者說，只要承認聖人與凡人有區別，只要承認「人人皆堯舜」只是一種理想，就必須接受一個事實，即：儒家的道德承諾在現實兌現的過程中必然面臨難以克服的困難。人從本質而言，是一種情感和欲望主體，這種主體性總要在外部世界找到適合它表現的形式。如果這種形式與制度要求的道德內容存在衝突，那麼，它必然會選擇更能給自己帶來身體性愉悅的世俗藝術。從這種情況看，漢代儒家強調外在形式必須有情感性內容做基礎，這一點是正確的，但要求人對不具情感基礎的東西——禮樂服飾——產生情感，卻未免太強人所難。從中國思想史看，儒學面臨的最大問題就是這種情感要求和其載體之間的非對位性。它認為只有「《禮》、《樂》純其美」，〔註158〕但對一般人而言，禮樂卻永遠是人的理性選擇而非情感選擇。

面對這種情感的實然與理性的應然之間的矛盾，一個可行的解決途徑，就是將人的世俗生活與政治生活劃界，將意識形態對禮樂服飾的要求放在政治活動場合去執行，將身體之欲對鄭衛之音的要求放在日常藝術欣賞中去滿足。按西方的講法，就是將上帝的事交給上帝，將凱撒的事交給凱撒。但真正的儒家在這一點上又是無法妥協的，因為妥協的結果只能是禮樂服飾的情感基礎被掏空，只能是情理、知行合一的理想性讓位於兩者分裂的現實性。從這個意義上講，前文所言的桓譚與宋弘圍繞君臣宴飲時演奏鄭聲產生的衝突，正是反映了如下的事實：君臣宴飲到底是一個政治事件還是一個生活事件。如果從情理妥協的立場，把它當成一種生活事件，桓譚賦鄭聲就無可厚非；如果認為對帝王而言政治無所不在，人性的要求永遠都要服從倫理和政治的要求，那麼宋弘對桓譚的斥責就是有道理的。也就是說，這一事件反映了漢代儒家的妥協主義與原教旨主義、現實主義與道德理想主義的對立。

一方面，漢代儒家要求以情感為形式性的禮樂服飾奠基，另一方面，情感在本質上又與形式性的禮樂服飾存在天然的對立。這種對立，使漢代橫貫天人的龐大禮樂體系面臨著合法性的危機，也是使其最終走向解體的決定性力量。人的情感，總是選擇最能給人帶來愉快的對象。如果承認這種情感需

〔註158〕《春秋繁露・玉杯》。

要的正當性，鄭衛之音的存在就是合理的；如果人認爲審美價值是藝術的核心價值，那麼禮樂服飾向倫理、政治的無限彌漫就遲早會受到質疑，並應遵循著下降的邏輯向其審美價值還原。

　　在漢代，對生活之欲的表達一般存在於統治階層的私人空間中，如隆儒的漢武帝曾爲李夫人寫過情詩和辭賦，並讓樂府譜曲；〔註159〕漢宣帝則對鄭衛之音「虞悅耳目」的功能給予肯定。在當時統治者的日常藝術欣賞活動中，所謂的音樂歌舞，也不是什麼追求道德教化或倫理規訓的先王之樂，而整體上趨於適性怡情的感官享受。如《漢書》云：

　　　　孝武帝李夫人，本以倡進。初，夫人兄延年性知音，善歌舞，武帝愛之。每爲新聲變曲，聞者莫不感動。延年侍上起舞，歌曰：「北方有佳人，絕世而獨立，一顧傾人城，再顧傾人國。寧不知傾城與傾國，佳人難再得！」上歎息曰：「善！世豈有此人乎？」平陽主因言延年有女弟，上乃召見之，實妙麗善舞。〔註160〕

《漢官典職》云：

　　　　正旦，天子行陽德殿，作九賓樂，舍利從東來，戲於庭，入殿前，激水化成比目魚，跳躍漱水作霧，化成黃龍，高八十丈，出水戲於庭，以兩大絲纏繫兩頭，中間相去數丈，兩倡女對舞，行於繩上，道逢功，肩不傾。又踏鍋屈身，藏形於斗中，藏形於斗中。鍾

〔註159〕《漢書・外戚傳》云：「上思李夫人不已，方士齊人少翁言能致其神。乃夜張燈燭，設帷帳，陳酒肉，而令上居他帳，遙望見好女如李夫人之貌，還幄坐而步。又不得就視，上愈益相思悲感，爲作詩曰：『是邪，非邪？立而望之，偏何姍姍其來遲！』令樂府諸音家絃歌之。上又自爲作賦，以傷悼夫人，其辭曰：『美連娟以脩嫭兮，命樔絕而不長，飾新宮以延貯兮，泯不歸乎故鄉。慘鬱鬱其蕪穢兮，隱處幽而懷傷，釋輿馬於山椒兮，奄修夜之不陽。秋氣潛以淒淚兮，桂枝落而銷亡，神眇眇以遙思兮，精浮游而出疆。託沈陰以壙久兮，惜蕃華之未央，念窮極之不還兮，惟幼眇之相羊。函菱荵以俟風兮，芳雜襲以彌章，的容與以猗靡兮，縹飄姚虖愈莊。燕淫衍而撫楹兮，連流視而娥揚，既感激而心逐兮，包紅顏而弗明。驩接狎以離別兮，宵寤夢之芒芒，忽遷化而不反兮，魄放逸以飛揚。何靈魂之紛紛兮，哀裴回以躊躇，勢路日以遠兮，遂荒忽而辭去。超兮西征，屑兮不見。寖淫敞兌，寂兮無音。思若流波，怛兮在心。亂曰：佳俠函光，隕朱榮兮，嫉妒闟茸，將安程兮！方時隆盛，年夭傷兮，弟子增欷，洿沫悵兮。悲愁於邑，喧不可止兮。嚮不虛應，亦云已兮。嫮妍太息，歎稚子兮，懭悷不言，倚所恃兮，仁者不誓，豈約親兮？既往不來，申以信兮。去彼昭昭，就冥冥兮，既下新宮，不復故庭兮。嗚呼哀哉，想魂靈兮。』」

〔註160〕《漢書・外戚傳》。

磬普唱，樂畢，作魚龍曼延，黃門吹三匝。〔註161〕

《鹽鐵論》記文學之士描述官宦之家樂舞狀況云：

中山素女撫流徵於堂上，鳴鼓巴俞作於堂下。〔註162〕

東漢章帝時傅毅《舞賦》記王家歌舞云：

鄭女出進，二八徐侍，姣服極麗，妁媮致態。貌嫽妙以妖蠱兮，紅顏暉其揚華。眉連娟以增繞兮，目流睇以橫波。珠翠的爍而炤耀兮，華袿飛髾而雜纖羅。顧形影，自整裝。順微風，揮若芳。動朱唇，紆清陽，亢歌高音爲樂方。〔註163〕

以上材料說明，漢代統治階層的政治生活與日常生活是兩離的。這種生活的兩重性必然爲其價值選擇帶來巨大的困惑：作爲政治人物，他必須接受禮樂服飾的規訓，從而使其身體服從倫理的要求；作爲性情中人，他的日常生活又陷於聲色犬馬之中，從而使其身體服從欲望的自然要求。在這兩者的對立中，一旦王朝政治的腐敗導致禮樂制度的鬆弛，或者社會的黑暗使士人徹底喪失以儒家禮制拯救的信心，理性的自我要求必然讓位於感性的自我放縱。這種從理向欲的轉化，應是漢末士人及時行樂思想產生的根源之一。同時，知識分子的任何一種選擇，在中國歷史上都不難找到理論的合法性。如果人對及時行樂的追求被儒家所禁止，那麼士人必然會轉向道家，尤其是從莊子和楊朱那裡爲情感和欲望的放縱尋找藉口。從這種情況看，魏晉時期莊學的興起，以及「越名教而任自然」口號的提出，當與漢代士人在理與欲之間長期掙扎的背景有關。或者說，中國美學從兩漢向魏晉的發展，可以描述爲從理性本體向情慾本體的轉換。

四、東漢以後的新趨勢

在體制化的政治倫理與人的日常情感需要之間，一旦情感價值被視爲核心價值，那麼，關於禮樂服飾的道德隱喻必然愈來愈失去存在的意義，並向其固有的審美價值還原。在對兩漢哲學和美學的考察中，我們從各個層面都可以看到這種「瘦身式」的還原趨勢，比如，漢代儒學從今文經學向古文經學的過渡，使其擺脫了對經典漫無邊際的想像式引申，重新回到了五經的本

〔註161〕見《藝文類聚·樂部一》

〔註162〕《鹽鐵論·刺權篇》。

〔註163〕傅毅：《舞賦》，見李善注《文選》卷第十七。

來面目；〔註164〕漢代辭賦從散體大賦向抒情小賦的變化，使漢賦由追求天地無所不包的宏大敘事轉向私人化的情感表達，等等。可以認爲，對禮樂服飾圍繞人的身體製造的「象天法地」式的龐大理論體系的解構，也是一個回到事情本身的過程。比如在兩漢和魏晉之間，漢儒遵循的「非禮勿視，非禮勿聽，非禮勿言，非禮勿動」原則，最終被魏晉士人放浪形骸、嘯詠山林的生活風格取代；漢儒圍繞音樂製造的天人聯動的泛價值論原則，被魏晉時期以嵇康爲代表的形式主義音樂觀取代（「聲無哀樂論」）。至於服飾，由於它與人的日常生活更加密切相關，所以它從禮制的規範中解放的更早。如蔡邕曾在其《女誡》中，講到漢末女裝的「非禮化」傾向：

> 禮，女始行服繡。繡，絳也。紅紫不以爲褻服，紺綠不以爲上服。繒貴厚而而色尚深，爲其堅韌也。而今之務在侈麗。志好美飾，帛必薄細，採必輕淺。或一朝之晏，再三易衣。從床移坐，不因故服。〔註165〕

禮本來是一種日常交往中帶有藝術意味的行動，樂本質意義上就是以爲人帶來身體性愉快爲目的。服飾除實用目的外，最根本的價值則是使人的形貌得以更加審美化的表現。從這個角度講，漢代禮樂服飾政治、倫理功能的被逐漸解構，是人將身體重新還給它自身的過程，也是身體從意識形態化向審美化回歸的過程。這一過程發展到魏晉時期，使美學價值眞正成爲禮樂服飾這些身體附屬物的第一價值。

〔註164〕 （一）天於今文經學家對經典的附會和濫解，漢儒多有論及。如桓譚《新論‧正經》云：「學者既多蔽暗，而師道又復缺然，此所以滋昏也，秦近君能説《堯典》，篇目兩字之説，至十餘萬言，但説『曰若稽古』，三萬言。」班固《漢書‧藝文志》云：「博學者又不思闕疑之義，而務碎義逃難，便辭巧説，破壞形體；説五字之文，至於二三萬言。後進彌以馳逐，故幼童而守一義，白首而後能言；安其所習，毀所不見，終以自蔽，此學者之大患也。」（二）關於漢代經學的轉向，徐復觀云：「從成帝時起，開始有人對由術數所講的天人性命之學發生懷疑，漸漸要回到五經的本來面目，以下開東漢注重五經本身瞭解的訓詁學，並出現了以桓譚爲先河的一批理智清明的思想家，此在西漢末期未能成爲學術風氣的主流，但實開始了一個新的階段。」見徐復觀：《兩漢思想史》第二卷，華東師範大學出版社 2001 年版，第 270 頁。
〔註165〕蔡邕：《女誡》，見嚴可均：《全後漢文》卷七十四。